Heinrich Christoph Friedrich Knoll

**Sommernächte  philosophischen und moralischen Inhalts**

in Dialogen und Erzählungen

Heinrich Christoph Friedrich Knoll

**Sommernächte philosophischen und moralischen Inhalts**
*in Dialogen und Erzählungen*

ISBN/EAN: 9783743366541

Hergestellt in Europa, USA, Kanada, Australien, Japan

Cover: Foto ©Thomas Meinert / pixelio.de

Manufactured and distributed by brebook publishing software
(www.brebook.com)

Heinrich Christoph Friedrich Knoll

**Sommernächte  philosophischen und moralischen Inhalts**

# Sommer = Nächte

philosophischen und moralischen

## Inhalts

in

## Dialogen und Erzählungen.

*Heinrich Christopher Friedrich Knoll*

Erfurt

bey Georg Adam Keyser

1778.

# Sokrates

## und

## Critias.

An einem angenehmen Sommertage, da die Sonne sich hinter dünnen Gewölke, wie hinter einen Flohr verbarg, und ein lauer Zephyr durch die Fluhren hauchte, gieng Sokrates der Weise und sein Schüler Critias, der hernach einer von den 30 Tyrannen Athens wurde, und durch seinen unphilosophischen Wandel, den Haß des Volkes gegen den Sokrates vermehren half, mit langsamen Schritten durch die anmuthigen Gefilde, die sich um Athen verbreiten. Ihre Absicht war, einen redlichen Landmann zu besuchen, der einige Stadien von Athen ein kleines Landgut besaß; einen Mann, welchen der weise Sokrates, wegen seines männlichen Verstandes, und wegen seines Herzens voll unverfälschter Redlichkeit

A 2        lichkeit

lichkeit lieb gewonnen hatte. Unter weisen
Reden, die süß wie Honig, von Sokrates Lip-
pen flossen, schlichen sie gemächlich dahin, und
kamen unvermerkt zu dem anmuthigen Land-
sitze. Sie giengen durch einen Vorhof, und
traten in das Vorhaus, wo sie die kleine Familie des Mannes, zwey Mädgen und drey
Knaben, spielend fanden; kaum hatten diese
den Weisen erblickt, so kamen sie alle gelau-
fen, und riefen: Da kommt der gute Vater
Sokrates, und hüpften für Freuden; denn
sie liebten den sanften Alten, weil er freundlich war, sie auf den Schoos nahm, und mit
ihnen spielte, ihnen kleine Fabeln erzählte, und
zuweilen etwas Honigkuchen mitbrachte. Sie
kamen alle auf ihn zu, um ihn zu bewillkom-
men; einer schlang sich um seinen Arm, der
andere faßte ihn beym Rock an, noch ein anderer bey der Hand, aber ein artiges Mädgen, mit zärtlichen blauen Augen, welches Sokrates vorzüglich liebte, kam mit gemäßigten
Schritten, bot dem Weisen freundlich die
Hand, und bewillkommte ihn mit bescheide-
nen Blicke. Er küßte sie, und fragte nach
ihrem Vater. Der Vater ist auf das Feld
gegan-

gegangen, sprach sie, aber die Mutter bereitet
die Mahlzeit für die Schnitter, und ich will sie
gleich rufen. Sogleich sprang ein munterer
Knabe fort, und hohlte sie. Sie bewillkommte den Sokrates, und seinen Freund, und bat
sie zum Niedersetzen. Nach einer kleinen Un-
terredung über den Segen der Ernde, und
über das Hauswesen, fragte Sokrates: wo
ihr guter alter Vater wäre? Der arme Vater! sagte sie mit einem kleinen Seufzer, hat
geschwollene Füsse, und liegt seit etlichen Tagen ganz kraftlos im Bette. Guter Gott,
sagte Sokrates, das geht mir recht nahe, wir
wollen doch den guten Mann besuchen; komm
Critias, wir wollen dem kranken ehrlichen
Manne Trost zusprechen. Sie giengen hierauf in seine Kammer, und nach der ersten Be-
grüssung fragte Sokrates: Wie stehts mit deiner Gesundheit, guter Vater? Ganz schlecht,
lieber Sokrates, das Alter hat meine Kräfte
erschöpft, mein Athem haucht nur noch ganz
langsam, und die Parze wird den Faden meines Lebens bald zerschneiden. O Jupiter, o
guter Gott, hilf doch bald, daß ich aufhöre
mir und den Meinigen zur Last zu seyn, und

A 3

er-

eröfne mir den Weg nach Elysium. So be:
tete der gute Alte mit schwacher Stimme,
aber Sokrates tröstete ihn. Du müssest noch
lange leben, sprach er, und noch viel Freude
an deinen Enkeln erleben, damit du für die
Tapferkeit und für den Muth belohnt werdest,
mit dem du für dein Vaterland strittest, da:
mit du für die Treue und Sorgfalt gesegnet
werdest, mit der du deine Kinder erzogst, und
deine Geschäfte verwaltetest. Ach guter So:
krates, sprach er, ich verlange nun weiter kei:
ne Belohnung, als daß Jupiter meine Seele
bald in die Gefilde der Seeligen aufnehme.
Hier ist für mich keine Freude mehr, meine
Kräfte sind vertrocknet, meine Seele ist schlaff,
und hat mit den Kräften des Körpers ihr
Feuer, und die Gefühle der Freude verlohren,
kurz, ich bin eine lästige Bürde für mich und
meine Verwandten. O Jupiter! wenn ich
noch an meine Jugend gedenke, (hier erhob
er sich ein wenig, seine Augen bekamen einen
schwachen Glanz, und seine Züge erheiterten
sich) wie ich mit kräftiger Faust den Schild
schwang, das Schwerd zückte, welch ein Feuer
in meiner Brust brannte, wenn ich zur Schlacht
gieng,

gieng, wenn ich den Spieß warf, mit welcher
zärtlichen Wärme ich meine Gattin, meine
Freunde umarmen, und ans Vaterland geden=
ken konnte; — Aber es ist vorbey, diese kalte
Brust, diese verdorrten Gebeine — o gute Göt=
ter! zerstört diese unthätige Hülle, daß meine be=
freyte Seele froh sich aufschwinge, und wie=
der seelige Freuden schmecke. Hier schwieg
er, und sammlete wieder Kräfte und Athem.
Aber Sokrates sprach ihm Muth zu, erinner=
te ihn an die Belohnugen, die seiner Tugend
in Elysium warteten, und suchte durch Grün=
de der Weltweisheit, ruhige Zufriedenheit in
seiner Brust zu verbreiten, und die sanfte Ru=
he der Gottesfurcht in seine Seele zu gies=
sen. Beruhige dich doch nur, guter Vater,
sprach er, ertrage doch diese kurzen Mühseligkei=
ten noch gedultig und standhaft wie ein Mann.
Wenn der Wettläufer bald am Ende der Bah=
ne ist; so strengt er noch zuletzt alle Kräfte
an, um den Preiß mit Ehren zu erhalten.
Du bist nun ebenfalls am Ende deiner Bah=
ne, laß also den Muth nicht sinken, die Be=
lohnung kann dir nicht entgehen; denn die
Götter sind gerecht und gütig. Das ist nun

A 4 noch

noch mein einziger Trost in meinem traurigen Zustand, erwiederte der Alte, daß die Götter gütig sind, und mir vielleicht die Fehler, die ich aus menschlicher Uebereilung begieng, nicht zu hoch anrechnen werden, weil ich doch immer nach meinen Kräften auch wieder gute Handlungen zu thun suchte. Ein Mann wie du, antwortete Sokrates, kann nichts anders als Belohnungen erwarten; denn du warest jederzeit einer der rechtschaffensten in Athen, du verwaltetest alle deine öffentlichen Aemter mit allgemeiner Zufriedenheit und mit ausgezeichneter Redlichkeit; du erzogst dem Staate tugendhafte Kinder, und vorzüglich diesen rechtschaffenen Sohn, der dich jetzo wartet und pflegt; du liebtest das Vaterland, und strittest für dasselbe wie ein Mann. Sahe ich dich nicht in der Schlacht bey Potidäa dem guten Eukrates das Leben retten? und kurz darauf einen Feind zu Boden schlagen, der eben im Begriff war, dem rechtschaffenen Ctesias das Leben zu nehmen. Zween Männern rettetest du an diesem Tage das Leben, und vor alles dieses kannst du sicher die Freuden Elisiums erwarten. Also freue dich deiner

ner zukünftigen Belohnung, und ertrage diese kurzen Trübsale noch wie ein Weiser. Klag-
te denn Herkules über Schmerz, als er sich
auf dem Oeta verbrannte? Nein, er war der
Belohnung für seine Tugenden gewiß, und
hoffte, daß ihm dieser kleine Schmerz reichlich von den Göttern werde vergütet werden,
und darum ertrug er ihn wie ein Mann; also
sey du ebenfalls standhaft. So redete nun
Sokrates; aber indem sie so redeten, sagte
Critias; es fängt an etwas trübe am Himmel
zu werden, guter Sokrates, ich dächte, wir
machten uns auf den Weg, daß uns nicht etwa
der Regen überrasche. Ja Critias, anwortete
Sokrates, das wollen wir thun, vorzüglich da
deine muntere Seele sich noch nicht an den
traurigen Ton des Alters gewöhnen kann; denn
du scheinst mir ganz niedergeschlagen geworden
zu seyn. Critias schlug die Augen nieder. Hierauf
drückte Sokrates dem alten Manne die Hand,
und sagte: Leb wohl guter Vater, die Götter
segnen dich und geben dir Geduld und Standhaftigkeit. So dann nahm er auch Abschied
von der Gattin seines Freundes, und gieng
mit seinen Schüler durch das Vorhaus. Hier

A 5                        fan-

fanden sie die Kinder noch spielend. Er umarmte die süssen Kleinen nach der Reihe, ermahnte sie, daß sie fein fleißig lernen, und ihrer Mutter gehorchen sollten, und so denn machten sie sich auf den Weg. Sie giengen eine kleine Weile ohne ein Wort zu reden. Endlich sagte Sokrates; was fehlt dir Critias, du scheinst nicht aufgeräumt, da du doch sonst immer gutes Muths bist? du hast recht, gab ihm Critias zur Anwort, ich bin etwas ernsthaft geworden; aber ist es ein Wunder, daß man in eine traurige Ernsthaftigkeit verfällt, wenn man die Unbilligkeit überlegt, mit der Gott bey Verfertigung des menschlichen Gebäudes zu Werke gieng? Wie sagst du Critias, die Unbilligkeit Gottes mit der er — ja fiel Critias hitzig ein, denn seine Seele hatte lange mit Betrachtungen über den traurigen Zustand des alten Mannes in sich selbst gewirkt, und weil der Strom seiner Gedanken und Leidenschaften hier freyen Lauf bekam; so wüthete er desto heftiger. Ja sagte er, die Unbilligkeit, die wenige Großmuth, die Unbarmherzigkeit, mit der Gott das menschliche Gebäude zusammen setzte und seine Einrichtung bestimmte.

ſtimmte. Du haſt letzt den traurigen Anblick des alten Greißes geſehen, du kennſt ſeine Tugend, und haſt gehört mit welchen glüenden Eifer er für ſein Vaterland focht, mit was für Rechtſchaffenheit er die Geſchäfte und das Wohl des Staats beſorgte, mit welcher väterlicher Zärtlichkeit er ſein Hauswesen verwaltete? was iſt ſein Lohn für ſeine Tugend? Dort liegt er, ein ausgedorrter Baum, ein verdorrtes Gerippe; ſchwarze Unruhe und Verlangen nach Tod iſt ſein Lohn, Krankheit und freudenloſer Trübſinn iſt der Kranz, der ſeine Tugend krönte. Iſt dies Großmuth; iſts göttliche Güte, am Ende ſeiner Bahn die er redlich durchwandelte, den Menſchen noch ſo zu kränken? Er iſt Kind und Jüngling, flattert durchs Leben dahin, wie der Schmetterling auf der beblumten Wieſe; rechts, links, ſchwärmt er auf ſeiner Bahn, und koſtet überall die ſüße Blume des Vergnügens und der Wolluſt, taumelt im ſüßen Rauſche, weiß nicht, denkt nicht daran daß er gelebt hat, und iſt nur glücklich ſo lange er nicht daran denkt daß er lebet. — Nun wird er Mann, die Sonne der Vernunft ſteigt empor, er fängt

an zu denken und nützlich zu werden, und
schon drängen sich schwarze Sorgen um seinen
Scheitel. Eiserne Sorge für die Nahrung,
Sorge für den Unterhalt, für das Fortkommen
seiner heranwachsenden Kinder, quälende
Sorgen, die sein Weib, ein böser Dämon,
schmiedet, Sorge des Neids, Sorge für den
Sturz, mit dem ihn die wüthende Hand des
Tyrannen, oder des Volks bedroht, und wie
kann ich sie alle nennen, die schwarzen Wolken
die ihm die Sonne des Vergnügens verdun-
keln. Und gesetzt; er arbeitet sich durch alle
diese grimmigen Ungeheuer mit Herkulischer
Kraft, ist gerecht wie Minos, weise wie Sokrates, tugendhaft wie Alcides, welche Lorbeer
erringt er? — Das graue knöcherne Alter
kömmt, schlafft seine Sennen, nagt sein Fleisch,
und dorrt seine Gebeine, spannt schwarzes
Dunkel über seine Phantasie — Dort
liegt er, ein todter unthätiger unmuthiger
Klotz. O gütigen Götter! schier möchte man
sich auch aus diesem Leben stürzen, wie aus
dem Armen einer stinkäthmigten Dirne! Ey
Critias, sagte hier Sokrates, du bist ja recht
ergrimmt auf dieses Leben, und auf unsern
guten

guten Gott, ey Lieber sage doch, wenn du Jupiter wärest, wie würdest du den Plan des
menschlichen Lebens entworfen haben? Ich
bin zwar, sprach Critias, etwas gelassener nur
dem Grammatiker gleich, der dem glänzenden
Homer Fehler zeigt, ob gleich auf ihm selbst
nicht der Geist ruht, besser zu schreiben als
Homer. Ich habe nicht die tiefe Weisheit
eines Archonten, oder gar die Deine, weiser
Sokrates, aber — deine Schmeicheley wird
mich nicht blenden Critias, fiel hier Sokrates
ein, fahre nur in deinem Plane fort, — Ich
dächte also nach meiner geringen Fähigkeit,
den Plan des Lebens also zu machen: der
Mensch sey als Jüngling, wie jetzt, munter,
leichtsinnig, er taumele gleich der gaukelnden
Tänzerin durch die Scene des Lebens, er habe
das Vergnügen im Arme, wie eine süße zärtliche Geliebte, die lächelnd reizende Wollust
reiche ihm den berauschenden Becher, er trinke,
und werde trunken, er schwärme, strauchle, falle und verwunde sich zuweilen im Rausche,
dies wird ihm vor dem Rausche warnen wenn
er ein Mann wird, er wird sich ein ander-
mal hüten, wird ein Mißtrauen in sich setzen,

wie

wie einer der gestern trunken war, heute gegen sich und gegen den Wein mißtrauisch ist.
So gauckele er mit leichten Kleide, fliegenden
und von Wohlgeruch duftenden Haaren, bis zur
ernsthaften Scene des Mannes.    Alsdenn
aber werde er ernsthafter.   Denn verbreite
sich ein gewisses männliches standhaftes Nachdenken über seine Seele, und ein gewisses gemäßigtes ernstliches Wesen über seinen Körper, seine Theile werden fester, und sein ganzes Betragen gesetzter.   Er buhle nicht den
ganzen Tag mit der bezaubernden Göttin Vergnügen, gauckele begeistert um ihren Arm um
ihren Busen, und habe nichts in seiner schwär-
merischen Phantasie, als schöne Augen, schöne
Busen, schöne Arme; er richte seine Seele auf
mühsame ernste Geschäfte, und nach vollbrachten
Geschäften drücke er mit gemäßigtem Feuer das
Vergnügen an seine Brust, wie der Mann
von Vierzigen die Dirne von dreyßig Jahren
liebkoset.   Ernst- und nützliche Handlungen
sey sein Hauptzweck, und durch gemäßigtes
Vergnügen, suche er sich zur Arbeit wieder geschickt zu machen.   Das mag recht gut seyn,
fiel hier Sokrates ein, aber da gehst du den
näm-

nämlichen Gang wie die Natur jetzo geht.
Ey so hör nur ferner, antwortete Critias, bis
ich mit meinen Plan zu Ende bin.  Wenn er
in das Alter zwischen 40 und 50 Jahre kömmt;
so bleibe seine Leibesbeschaffenheit feste stehen.
Denn müssen seine Kräfte nicht weiter abneh-
men und sein Körper nicht veraltern; auf diese Art wird er alle Arbeiten des Leibes und
Geistes verwalten können; kurz, er werde höch-
stens nicht schwächer, als ein Mann von 50
Jahren, und so bleibe er beständig bis zum Ende seiner Tage; aber seine Seele wachse immer an Erfahrung und Nachdenken, nach den
Stufen und Graden, wie sie bey dem Menschen wächst.  Was wird ein solcher Mann
vermögen, der eine 70jährige Seele, verbunden mit einem 50jährigen Körper besitzt? er
hat weise Erfahrungen, und noch Thätigkeit
genug, um die Kraft seiner Seele in Ausübung zu bringen.  Wird er nicht noch einmahl
so viel bewerkstelligen können, als ein anderer
70jähriger Greiß, dessen Blut die Seele
nicht mehr in den Schwung setzt, der seine aus-
gemergelten Gebeine schleppt, wie ein Fuchs
den die Falle quetschte? er wird seinen Kindern

dern Brod verdienen können, und wird ihnen
mit seinem schwachen Körper nicht zur Laſt ſeyn, er
wird ernſthaft ſeyn ohne mürriſch zu brummen,
er wird ſeinen Entwürfen einen gewiſſen Nach:
druck geben, u. nicht zu verzagt u. muthlos ſeyn.
Kurz du wirſt mir zugeben müſſen, daß mein
Entwurf allezeit großmüthiger ſey, als dem
Jüngling überflüßige Munterkeit des Kör:
pers, und eine vergnügte freudige Seele zu ge:
ben, und den Greiſe nicht nur die Munterkeit
und die Kräfte des Leibes zu nehmen, ſondern
auch ſchwarze Traurigkeit und Unmuth über
ſeine Seele zu verbreiten, und ihn in bedau:
renswürdigen Zuſtand zu verſetzen.  Du haſt
alſo nun deinen Plan entworfen, guter Criti:
as, fiel hier Sokrates ein, und ſcheineſt es
ziemlich gut mit den Menſchen zu meynen:
aber am Ende meynſt du es eben ſo väterlich,
als ein Menſch der noch nicht verſteht Vater
zu ſeyn.  Komm laß uns deinen Plan ein we:
nig beleuchten.  Erſtlich mußt du mir noch ei:
nen kleinen Knoten auflöſen.  Sag, iſt es
nicht unbillig, daß der Mann der ſein Blut
durch Wein entzündete, der durch Ausſchwei:
fungen der Liebe ſeinen Körper ſchwächte, und
seine

seine Säfte vergiftete, daß dieser Mann eben
so die Kraft und Munterkeit eines Mannes
zwischen vierzigen und funfzigen behalten soll,
als der Tugendhafte der nicht auf den Altären
des Lasters opferte, und der sein Leben nach
der heilsamen Ordnung der Natur einrichtete,
sie wie eine Mutter verehrte und die Wollust
für seine Stiefmutter hielt? Sag, würde da
nicht dem Laster die Hand geboten, würde
nicht eine natürliche Folge des Lasters und
ein Hauptbewegungsgrund zur Tugend weg-
fallen, und würde nicht das Laster mehr An-
beter finden? — Diesen Knoten können
wir auflösen, versetzte Critias, ohne ihn zu zerschneiden. Wir dürfen nur annehmen, daß
der Körper des Lasterhaften verhältnißmäßig
mehr zerrüttet werde, und mehr veraltere, als
der Körper des Tugendhaften. Und überhaupt wird es der Tugend nicht schaden, wenn
der Lasterhafte eben die Gesundheit, und eben
die Kräfte behält, als der Tugendhafte; denn
wahre Tugend muß ihrer eigenen Schönheit
wegen geliebt werden, und nicht wegen körper-
lichen Ursachen, und muß ihre Belohnung in
einem andern Leben suchen. Ein Tugendhaf-

B                          ter

ter wird nicht sagen; ich will nicht ausschwei-
fen, weil ich ungesund dadurch werde, sondern
weil es wider das Gesetz der Natur, wider
die Gesetze des Staats und wider meine
Ueberzeugung ist. Er wird sich nicht weigern
seinen Bruder aus dem Wasser zu retten,
weil er seine Gesundheit zerrütten, und sein
Leben in Gefahr setzen könnte, nein, er wird ihn
großmüthig mit Gefahr seines Lebens aus
dem Wasser ziehen. Ey Critias sprach Sokrates, dies paßt hierher nicht; denn du wirst
mir nicht abstreiten wollen, daß der Tugendhafte in der Hitze zwar seine Gesundheit nicht
achtet, wenns drauf ankömmt, eine tugendhafte Handlung zu thun, daß aber der nämliche
seine Gesundheit hoch mit in Anschlag bringt,
wenns drauf ankömmt lasterhaft zu seyn.
Doch wir möchten zu weit vom Wege abkom-
men, laß uns vielmehr deinen vorzüglichsten
Satz betrachten; daß nämlich eine Seele
von 70 Jahren, mit einen Körper von 40, so
ganz herrliche Wirkungen thun könne. Glau-
best du wohl daß Erfahrung allein, das Nachdenken und die gepriesene Weisheit des Alters macht? weit gefehlt! lies Geschichte, lies
Be-

Bemerkungen weiſet Männer; du wirſt dich
daraus mit einer Menge von Erfahrungen be-
reichern können, du wirſt aber noch lange
nicht ſo behutſam werden, ſo klüglich handeln,
als der Greis mit halb ſo viel Erfahrung.
Ruhiges Blut, mein lieber Critias; iſt die
Hauptſache, zur Verminderung des Feuers
zur Leidenſchaft. Dein geprieſener 40jähri-
ger Mann mit der 70jährigen Seele, wird
der ſich nicht, trotz aller Erfahrung von der
Leidenſchaft überwältigen laſſen. Die Erfahrung führt ihn wie Mentor, aber ein wilder
Strom kömmt daher, und reißt den Mentor
in den Abgr::nd. Nun ſieh an, welche Unordnung würde den Staat zerrütten, wenn ihn
70jährige Archonten mit 40jährigen Leidenſchaften regierten, es würde uns ſchlimm genug erge-
hen. Und wer ſollte denn arbeiten, ſollte wei-
ſe Anſchläge faſſen, mühſame Projekte ſchmie-
den? Der junge Mann von 40 Jahren iſt
noch zu flüchtig, liebt zu ſehr das ſinnliche
Vergnügen, und wird trotz aller Erfahrung
ſich von der Leidenſchaft hinreiſſen laſſen.
Der Greis aber, dem die Kräfte, und mit ihnen der Trieb zum ſinnlichen Vergnügen fehlt,

B 2                    liebe

liebt die Ruhe, denkt länger und schärfer auf einen Punkt, weil kein feurig Blut seine Ideen
wie Pfeile durchs Gehirn treibt (und weil er
ruhiger und mehr auf einen Punkt denkt, so
denkt er schärfer,) sieht mehr Nebenumstän-
de, strebt wider die Leidenschaft, und ist daher geschickt, den Staat und seine Familie
weise zu verwalten, bey grossen Unglücksfällen
weise Anschläge zu fassen, und geräth nicht
gleich in Verzweiflung. So gar bey seinen
Vergnügen und bey Gastmahlen, denkt er wenig an sein eigen Vergnügen, macht Projekte
zum Besten seiner Kinder oder des Staats,
sorgt ängstlich, und sucht immer das Mangelhafte zu verbessern. Der junge Mann hingegen, sitzt beym Wein und Schmause, vergißt
Weib und Kind, läßt Staat, Staat, Familie,
Familie seyn, und denkt nur drauf wie er sich
morgen wieder belustigen will. Ja ja, unter-
brach ihn Critias, das sind die Vorwürfe, die
uns das grillenhafte Alter macht, aber ob sie
allemal wahr sind? das überlaß ich deiner Ueberzeugung, versetzte Sokrates, aber sieh nur
ferner, wie traurig es für einen 70jährigen
Mann wäre, wenn er seinen Tod alle Tage
vor

vor Augen hätte, und noch so viel Muth und
Kräfte zum Leben besäße. Wie sauer würde
ihm das Sterben werden? da hingegen die
Greise gerne sterben, weil für sie auf dieser
Welt nichts mehr zu thun ist, und weil ihre
Kräfte erschöpft sind. Du siehst also hieraus
wohl, daß es der Schöpfer sehr weise machte,
daß er den Alten das Feuer und mit den Mit=
teln und Kräften zum sinnlichen Vergnügen,
die Lust zum Vergnügen nahm, und ihm eine
gewisse Kaltblütigkeit gab, damit er weniger
seinem Leibe frohnen, mehr auf die Vervollkom=
mung seines Geistes denken sollte; und immer
darauf denken möchte, seine Hitze durch weise
Kaltblütigkeit zu mäßigen, und den Schaden,
den die wilde Leidenschaft der Jugend ange=
richtet, durch ernstes Nachdenken wieder zu
verbessern. Hingegen dem jungen Manne,
Muth und Feuer gab, die Anschläge, die der
Alte bey schlaflosen Nächten ausdachte, mit
Nachdruck und Hitze auszuführen. Hierdurch
entstand die weise Mischung von Kälte und Hitze,
von feuriger Leidenschaft und kaltblütiger Ver=
nunft, die den ganzen Körper nährt und erhält;
Nimm Alter oder Jugend hinweg, so wird

ent=

entweder das menschliche Geschlecht einschla-
fen, oder sich untereinander aufreiben. Aber
mein Sokrates versetzte Critias, du trauest dem
Mann von 40 Jahren zu wenig Ueberlegnng
zu, haben wie nicht Männer die schon im 30-
sten Jahre, weiser und kaltblütiger handelten,
als mancher Greis nicht thut? Nimm einen
Cyrus, welcher planvoller bedachtsamer Mann
war er schon im 30sten Jahre? wahrhaftig,
solch ein Mann würde die ganze Welt klüglich regieren! O Critias, rief hier Sokrates
der weise Cyrus war ein Phänomenon, das
alle Jahrtausende einmal erscheint; ehe es
wieder erscheint, könnte die ganze Menschheit
in Fäulniß gerathen, wenn nicht weise Ne-
stors ihr noch Hülfe leisteten. Und ob gleich
Cyrus viel Bedachtsamkeit besaß; so zeigte
er doch sehr öfters das unüberlegte Wesen der
Jugend, wie wir verschiedene Beyspiele haben.
Zeigt nicht selbst sein Tod, daß er noch mit viel
jugendlicher Hitze handelte? denn war es nicht
unüberlegte Eroberungssucht, wider die Massageten, die ihm nichts gethan hatten, zu Felde
zu ziehen, da nicht einmal etwas bey ihnen zu

ero-

erobern war, als Schanze und Waffen? (*) Hier
muß man überhaupt aufs Ganze sehen, und nicht
auf einzelne Ausnahme. Nun gut sprach Critias.
Du rühmst also, mein Sokrates, die weise Ein=
richtung in der Natur, daß das Feuer der Jugend
durch Kaltblütigkeit des Alters gedämpft, u. durch
diese verständige Mischung, eine gewisse Mäs=
sigung getroffen wird. Gut, ich gebe es zu. Aber
war es nun nicht weiser, daß Gott als das
vollkommenste Wesen, den Menschen auch äus=
serst vollkommen machte? und dies wurde er;
Gott durfte nur das Feuer der Jugend und
die weise Kaltblütigkeit des Alters, Eigenschaften
von zwey verschiedenen Charaktern, in jedes
Individuum legen; und so lebte und webte der
Mensch mit doppelter Vollkommenheit, als
jetzt. Und hierdurch würde auch der Tugendhafte
mehr belohnt, indem er sich nicht am Ende sei=
ner Tage, mit einem schmerzhaften gebrechli=
chen Körper zu schleppen brauchte. Um also
ein seiner Weisheit angemessenes Geschöpf zu

schaf=

(*) Er starb in einem Feldzuge wider die To=
miris, Königin der Massageten. Siehe He=
rodot. Lib. I Cap. 200.

schaffen, mußte Gott Menschen machen, die in
beständiger Jugend blühten, und mit der feus
rigen blühenden Einbildungskraft des Jüngs
lings die männliche Vernunft, u. weise Kaltblü=
tigkeit des Greises verbinden.   So nur ent=
stand ein reizendes Geschöpf, und so sahe man
nicht Faunen artige ausschweifende Jünglinge,
und Gespenster von mürrischen Alten.   ——
Schade, sprach Sokrates, daß dich Gott nicht
zum Oberaufseher seines Weltgebäudes mach=
te.   Aber hör einmal an, was du immer
da von der Schwäche des Alters erzählst, und
daß sich auch der Tugendhafte mit einem ge=
brechlichen Körper im Alter schleppen müsse,
und daß die Tugend schon hier körperlich müs=
se belohnt werden; das hilft dir alles nicht
viel zu deinem Systeme; denn du hast schon
vorhin gesagt; daß die Tugend ihren Lohn in
jenem Leben suchen müßte.   Und muß denn
der Mensch immer jung seyn, um beständig
sinnliche Vergnügungen schmecken zu können.
Ists nicht besser daß er durchs Alter in den
Stand kömmt, sich mit geistigen Beschäftigun=
gen mehr zu unterhalten, und seinen Geist
vollkommner zu machen? Und ist nicht vielleicht
diese

diese Absonderung seines Geistes vom Irdischen, welche durchs Alter geschieht, nöthig, um ihn zu seinen künftigen Zweck, zu seinen künftigen Belohnungen vorzubereiten, und ihn tüchtig zum Genuß jener seligen geistigen Wonne zu machen? Und überhaupt wird dem Greise sein schwächer Körper, und die übrigen Unvollkommenheiten des Alters nicht durch Güter ersetzt, die der Jüngling nicht hat? welche Freude erlebt er nicht an seinen Kindern und Enkeln, er sieht sich in ihnen wieder verjüngt. Welch angenehmes Vergnügen ist es nicht für ihn, am Abend seines Lebens an die Freuden seiner Jugend und an seine vielen guten Handlungen zurück zu denken, die er ausübte, und seinen Schöpfer zu danken, daß er ihn so glücklich über die Jahre brachte in denen man so leicht von der Bahn der Tugend auf den Pfad des Lasters abweicht, und wo das Feuer der Jugend öfters über die kältere Vernunft den Sieg erhält. Wie viele weise Greise habe ich nicht den Himmel danken hören, der sie über den Muthwillen der Jugend hinaus brachte, und sie lehrte jede Sache mit ruhigem Auge zu betrachten; und

Gei=

Geiſtes Vergnügen, die einzige wahre Glückſeligkeit des Lebens zu ſchmecken. Was hat
denn endlich der Jüngling von ſeiner blühenden Phantaſie, von ſeinem muntern feurigen
Körper? Anfälle von Leidenſchaften, die er
öfters nicht befriedigen kann, und die ihn ſo-
denn mehr Kummer und Mißvergnügen machen, als dem Alten ſeine Schwäche; durch ſie
hat er die Glückſeligkeit, daß ſeine Phantaſie
nicht ſo ſehr geſpannt iſt, daß ſie ſich mit wenigen vergnügen läßt, und daß er ſeine Leidenſchaften weit leichter befriedigen kann, und
nicht halb ſo ungedultig wird, wenn er ſie
nicht befriedigt, als der Jüngling. Der
Jüngling gleicht dem feurigen Temperamente,
das alles aufs äuſſerſte treibt, bey dem kleinſten Glücke für Freuden entzückt wird, und
beym kleinſten Unglück, für Kummer vergeht.
Der Alte gleicht dem geſetzten Temperamente,
daß ſich nicht zu ſehr erfreut, und nie zu ſehr
betrübt; es iſt noch die große Frage; welches
von beyden das glücklichſte iſt? O, Critias!
wer die Tugend verehrt, wie ſehr wird ſich der
ſehnen alt zu werden, um den großen Leicht-
ſinn, und das ausſchweifende Feuer der Ju-

gend

gend zu verlieren, damit er der Verführung
zum Laster nicht mehr so sehr ausgesetzt sey,
und damit er bald jene seligen Freuden schmek:
te, die nur ein verklärter Geist empfindet.
Was ist dieses Leben, was ist die glänzende
Jugend? Ein Rausch der nicht lange währt.
und durch lauter trübe Auftritte düster wird.
Du hast auch noch angemerkt, daß es weit
weiser und großmüthiger vom Schöpfer ge:
wesen wäre, dem Menschen ganz vollkommen
zu machen, und in ihm die Vorzüge der Ju:
gend und des Alters zu vereinigen; aber hast
du auch wohl überlegt, wie weit dieses schick:
lich war? Die heitere, flüchtige Phantasie
des Jünglings, liegt in seinen flüßigen Säf:
ten, in seinem feurigen Blute wie dieses alle
indhlig kälter wird, und sich jene verdicken,
wird er allmählig Mann, und Greis, und sei:
ne Phantasie verliehrt ihre Wärme. Wie
konnte nun Gott in den Körper des Men:
schen, zugleich feuriges jugendliches, und kal:
tes Blut des Alters, zugleich dünne, und auch
verdicktere Säfte vermischen? Es ist dieses
wirklich bey der jetzigen Beschaffenheit, und

dein

dem Gebäude des Körpers ein wahrer Wi=
derspruch, denn würden sie vermischt, so wür=
den sie ihre Kräfte verliehren, und eine Mäßi=
gung erhalten die weder das Nachdenken des
Alters noch das Feuer der Jugend hätte.
Und wären sie von einander abgesondert, so
würden sie immer im Streite liegen und große
Zerrüttungen anrichten. Da hast du recht
fiel Critias ein, bey der jetzigen Art von kör=
perlicher Verfassung, möchte es wohl ein Wi=
derspruch seyn, aber daß es im Ganzen genom=
men möglich sey, kannst du mir nicht läugnen.
Und warum wählte Gott, als das vollkommen=
ste Wesen, diese unvollkommene, diese zer=
brechliche Bauart, warum machte er ein Ge=
schöpf, das so lange es noch unerfahren ist,
vor lauter Kraft muthwillig wird, und aus=
schweift, und so bald es Erfahrung genug be=
kömmt, seine Kräfte mit Einsicht anzuwenden,
kraftlos und unthätig wird? Hör einmal an
Critias, antwortete Sokrates, du kömmst mir
bald für wie ein Mann, der auf den Dörfern
um Athen Leimenwände mit seinen Händen
zusammen klebt, und den Archimedes bey dem
Plane

Plane zu einem Gebäude tadeln will. Denn
sieh; erstlich ist ein jeder Alter der nicht aus=
geschweift hat, in seinem 60sten Jahre und
drüber, noch immer im Stande, die überlegte=
sten Anschläge, wiewohl nicht so geschwinde,
doch aber eben so gut auszuführen als der
Jüngling, und nur einige wenige sind so
schwach, wie du sie vorstellst. Und was die
grössere Vollkommenheit anbelangt, die du
am menschlichen Gebäude verlangest welche
aus der Verbindung von Jugend und Alter
entstanden wäre; so mußte sie wohl mit der
Unvollkommenheit der trägen Materie nicht
bestehen können; und Gott mußte es wohl
nach seiner Weißheit vor das beste halten, aus
unvollkommenen Theilen, das große äusserst
vollkommene Weltgebäude zusammen zu setzen,
und die Kette der Wesen, ohne einen Sprung
zu thun, von unvollkommenen Menschen, bis
zum vollkommenern Geist, und von da, bis
zum vollkommensten Engel, an seinen Thron
zu ziehen. Denn wenn er gewollt hätte, so
könnte er den Menschen noch weit vollkomm=
ner machen, als du ihn verlangst. Er konnte
nur

nur jeden einzelnen Menschen alle die Klug:
heit, die das ganze menschliche Geschlecht zusam:
men hat, geben, konnte ihm eine ewige Ju:
gend, eine ununterbrochene Gesundheit verlei:
hen, und seinen Körper noch tausendmal voll:
kommener machen. Er konnte ihm den ge:
schwinden Flug des Vogels geben, er konnte
ihm hundert Hände geben, denn hundert Hän:
de können freylich mehr ausrichten als zwey,
und kurz er konnte ihm Vollkommenheiten ge:
ben, die der menschliche Verstand nicht ein:
mal begreifen kann. Aber es sollte nicht seyn.
Er hielt es wohl für weiser, und seinem Pla:
ne angemessener, durch mangelhafte Mittel,
dennoch den herrlichsten Zweck zu bewerkstelli:
gen, und durch tausend verschieden artige
Theile, das einfachste und erhabenste Ganze
zu schaffen. Hast du nun noch etwas wider
seinen Plan einzuwenden? Glaubst du wohl
nun, daß das unvergleichliche Wesen, das dies
ungeheure Ganze, so weise regieret, wohl wei:
ser seyn muß, als der Mensch der dies Ganze
nur aus einem einzelnen Standpunkte betrach:
tet, und nicht einmal von Vollkommenheit re:

den

den kann, weil er keine Vollkommenheit kennt,
als nur.die, die er sich aus beu wenigen Ei=
genschaften seines Standpunktes abgezogen
hat.   Drum Critias gieb dich zufrieden, daß
der Alte den wir eben verlaffen haben, ob er
gleich tugendhaft gelebt hat, dennoch von ei=
nem siechen Körper geplagt wird.   Tugend ist
für ihn als Geschöpf eine Pflicht und wenn
sie auch gleich nicht belohnt würde.   Und du
kannst ja nicht wiffen, wie ihn jenes gerechte
Wesen, diese wenigen mißvergnügten Jahre,
dereinst auf das großmüthigste vergüten wird.
Also tadle ihn nicht, den weisen Schöpfer,
wenn du seinen Endzweck nicht gleich einsie=
hest, sondern denke vielmehr, er ist weiser denn
ich, er ist groß, er ist unvergleichbar, fall nie=
der und bete im Staube an.   Ich habe ant=
wortete Critias, wider die Weisheit Gottes
nichts einzuwenden; aber der Zweifel fällt
mir doch immer ein; warum Gott, da er doch
allmächtig war, nicht eine Welt schuf, die im
Ganzen und in ihren Theilen, so wie er selbst,
äufferst vollkommen war; denn seine Allmacht
hätte doch alle Hinderniße besiegen können.

Dies

Diesen Zweifel, versetzte Sokrates, wird dir
wohl niemand auflösen können, mein lieber
Critias, als nur derjenige der den geheimen
Plan Gottes geschauet hat. Doch könnte viel=
leicht schwacher menschlicher Verstand, dieses
muthmaßen: da er eine materielle Welt machte,
so konnte sie nicht vollkommen werden, denn wie
kann die Materie zu gleicher Zeit alle nur mög=
liche Formen u. Eigenschaften haben, wie kann sie
zum Beweis zugleich dreyeckig, viereckig, und
sechseckig seyn, und so bald ihr eine Eigen=
schaft fehlt, ist sie gleich nicht vollkommen.
Und warum er keine bloße Geisterwelt schuf,
die vielleicht vollkommener hätte werden kön=
nen? vielleicht weil kein endlicher Geist ohne
Materie seine Wirkung äussern kann, und aus=
ser Gott kein unendlicher Geist möglich ist.
Kurz er machte Menschen um ihnen gutes zu
thun, thut ihnen wirklich gutes; und also dür=
fen wir seine weise Regierung nicht tadeln,
sondern müssen sie vielmehr verehren. Ir=
dem er so redete, geschahe ein etwas starker
Donnerschlag, und Critias fuhr für Schrek=
ken zusammen, ey Sokrates, sprach er etwas

es=

erschrocken, ich hätte nicht geglaubt daß dieses Dunkele ein Gewitter wäre, komm geschwind laß uns zuschreiten, daß wir noch die
Stadt erreichen.  Du fürchtest dich doch nicht?
erwiederte Sokrates;  —  Ich kanns nicht
läugnen, ich fürchte mich ein wenig  —
Das ist doch sonderbar, sagte Sokrates, daß
sich die mehresten Leute, die so am Plane
Gottes tadeln, vor den Gewittern fürchten.
Hierauf fiengen sie an sehr geschwind zu
gehen, um ihm wo möglich noch zu entlaufen.
Sie waren kaum einige Minuten gegangen,
so sahen sie von ferne eine Staubwolke. Ma-
che dich gefaßt Critias, sprach Sokrates, wir
werden das Gewitter bald haben, ich sehe schon
den Sturm kommen.  O ihr Götter! schrie Critias. Und der Staub rollte fürchterlich daher, und
die ganze Flühr schien zu dampfen, wie der ge-
waltige Aetna dampfet.  Auf einmal war der
Sturm da, und braußte um ihre Ohren wie
Meereswogen.  Staub und Tropfen und
Schloßen fuhren ihnen ins Gesichte, und in
die Augen, und graues Dunkel, und feurige
Blitze umgaben sie; aber zum Glücke gieng

C                              das

das Gewitter auf der Seite weg. Der Wind
ließ zwar nach, aber der Regen hielt beständig
an. Eine kleine Weile stund es Critias aus,
daß ihm die kalten Tropfen ins Gesichte und
auf die Nase schlugen, aber endlich wurde er
ungedultig. O! verwünscht wäre doch dieser
Spaziergang! rief er aus, o Sokrates! ich
kann es wahrlich nicht mehr ausstehen, die
Tropfen fahren mir so kalt in das Gesichte, wie
Eiß. Du wirst es aber dennoch ausstehen
müssen, antwortete der Weise, und wenn du
noch zehnmal ungedultiger wirst, so wird es
deßwegen nicht aufhören zu regnen. Eine weile war Critias wieder ruhig. Aber es währ-
te nicht lange, so fieng er wieder an; O ihr
Götter! an diesen Gang will ich gedenken,
so lange mir die Augen offen stehen, das nen-
ne ich mir einen artigen Spaziergang, wo
man so naß wird, wie ein gebadeter Hund;
ich glaube der Himmel treibt seinen Spaß mit
uns. Sey nur ruhig sagte Sokrates, die
Wolke wird gleich vorüber gehen. Und es
währete nicht lange, so hörte es auf mit regnen. Nu den Himmel sey Dank sprach Critias,

tias, daß dieses kalte Bad einmal ein Ende
hat, aber es hätte wohl auch eher aufhören
können, als gerade hier vor der Stadt. O
mein lieber Critias! rief hier Sokrates aus,
was ist es doch vor ein edel Ding, um ein wenig Kaltblütigkeit und Standhaftigkeit. Du
hast dich mit deiner Ungedult selbst gemartert,
und gequält, und ich bin ganz ruhig dabey ge-
blieben, und bin auf den nämlichen Flecke wie
du. Dies sind die herrlichen Früchte des Alters. Du bist in diesen unbedeutenden Un-
glücke schon kleinmüthig und ungedultig, was
wollte es nun werden, wenn du Weib, Kinder
und Enkel hättest, die alle von verschiedenen Unglücksfällen getroffen würden. Es könnten
dieses wenig Greise standhaft ertragen, geschweige denn jüngere. Sie würden entweder
davon laufen, oder leichtsinnig es abschütteln,
und sich und ihre Familie in das äußerste Unglück bringen. Drum Critias glaube, daß jedes Alter seine Vorzüge hat, preise den Schöpfer, der alles so weise machte, und suche dir
die weise Kaltblütigkeit des Alters zu erwer-
ben. Sey unbesorgt wegen der Unvollkommenheit des Alters; denn jeder Greis ist so

glück-

glücklich als der Jüngling, und fast noch glück-
licher, wenn er standhaft ist, die Eitelkeit dieses Lebens einsieht, alle seine Hoffnung auf jenes selige Leben setzt, wo kein Kummer seyn
wird und sich dazu weise vorbereitet.

Sie kamen hierauf in die Stadt, und er-
reichten bald des Sokrates Behausung, wo
ihm Critias wünschte, daß ihm der kalte Regen nichts schaden möchte; und hierauf schieden sie von einander, Sokrates um der Ruhe
zu geniesen, und Critias um sich für das Lei-
den des Tages, mit einer leckern Abendmahlzeit zu entschädigen.

Der

# Der
# Ehemann
## und der
# Hagestolz.

In einem mittelmäßigen Dorfe, von an-
muthiger Lage, mit schönen Feldern und rei-
zenden Wiesen umgeben, woburch sich ange-
nehme Flüsse schlängelten, wohnten zwey Freunde, welche beyde ziemlich ansehnliche Ritter-
güter daselbst hatten. Sie waren zusammen
groß gewachsen, und waren miteinander auf
Universitäten gewesen, wurden aber hernach
auf einige Jahre von einander getrennt;
denn August, ber jüngste von beyden, gieng
mit einen jungen Lord, nach England, und
George heyrathete einige Jahre darnach ein
liebenswürdiges Frauenzimmer, welches ihm
Verstand, edlen Charakter, und viele anziehen-
de weibliche Reize, aber wenig Geld zur Mit-
gabe brachte. Sie liebten einander zärtlich,
lebten in der sanftesten Freundschaft, nnd hatten schon zwey Kinder, als August wieder von
England zurück kam. Er hatte sich mit den

Freu-

Freuden der großen Welt gesättigt, und be=
schloß nun auf seinem Gute ruhig zu leben,
welches ihm sein Vater in guten Zustande
überlassen hatte. Ob er gleich etwas leicht
und wild, überdies ein Wollüstling, und dem
Ehestande abgeneigt war; so konnte er sich
doch wohl mit Georgen vertragen, den die
Sorge für seine zärtliche Frau, und seine lie=
ben Kleinen, aus einem flüchtigen Jünglinge
zu einen gesetzten und nachdenkenden Mann
gemacht hatten. Alle Tage waren die beyden
Freunde zusammen, und genossen einer vertrau=
ten Freundschaft, die sich durch die Abwesen=
heit zu einer warmen Leidenschaft gebildet hat=
te. An einem freundlichen Sommerabend, da
sich die Hitze etwas gelegt hatte, kam August
zu Georgen. George sagte er beym Eintritte,
wie wäre es, wenn wir ein wenig aufs neue
Landhaus giengen? Es war dieses ein öffent=
liches Haus, welches ein reicher Edelmann ge=
bauet hatte; es kam da beständig die artigste
Gesellschaft aus der Stadt hin, die nur eine
halbe Stunde davon war, man konnte sich auf
allerhand Art vergnügen, und wurde da auf
einen guten Fuß bedient. George nahm den

Vor=

Vorschlag an. Bist du es zufrieden Weibchen, sprach er, daß ich dich verlasse? Du weißt ja lieber George, sagte die sanfte Frau, wie sehr mir dein Vergnügen am Herzen liegt; aber lieber George, bleib ja nicht zu lange aussen, denn du weißt schon, wie ich hernach für dich besorgt bin, und ich sehne mich auch so nach deiner Zurückkunft. Hörest du George? bleib ja nicht so lange. Nein mein gutes Weibchen, sagte er, wenns dämmrich wird, bin ich wieder da. Adje meine Beste, leb wohl: drauf küßte er sie, und begab sich mit seinem Freunde auf den Weg. Als sie auf das Landhaus kamen, setzten sie sich in eine kleine Hütte des Gartens, die am Wege war, und liessen sich Limonade geben. Sie hatten kaum ein wenig gesessen, als sie dort zwischen den Zäunen ein artiges Mädgen herkommen sahen. Sie war reinlich in Kattun gekleidet, hatte einen Sonnenhut auf, und man sahe es ihr an, daß sie kein gemeines Bauernmädgen war. In der Hand hatte sie ein Körbchen, mit Kirschen, mit dem sie so leichte daher gieng, als wenn sie tanzen gelernt hätte. August der sie zuerst sahe, machte große Augen. Sieh einmal

Sie

George! rief er, was da vor ein liebenswür=
diges Geschöpf daher geschlichen kömmt. Ge=
orge, ob er gleich ein Ehemann war, sah ge=
schwind hin, nnd gestand, daß sie artig sey, wo=
bey er hinzusetzte; er kenne sie, sie sey eine Pach=
ters Tochter aus dem Dorfe. Höre George,
sagte August, ich muß mit ihr reden; indem
kam sie nahe bey sie . Er trat aus der Laube;
wo sind sie denn gewesen mein Engelschen? re=
dete er sie an. Ich? sagte sie, und sahe ihn
etwas verwundernd an, ich bin im Garten ge=
wesen, und habe Kirschen geholt. O mein
liebes Mädgen, geben sie mir doch ein paar
davon, ich bin recht lüstern nach einer Hand
voll Kirschen, von so einem hübschen Mädgen.
— Das kann ich wohl, sprach sie, und gab
ihm eine Hand voll. O ich danke ihnen un=
endlich, sagte August, sie sind doch ein artiges
allerliebstes Mädgen, so hübsche rothe Backen,
und so bescheidene schwarze Augen, und indem
er ihr dieses sagte, sahe er ihr in die Augen,
und klopfte sie auf den Arm. Mein Herr,
sprach sie, sie reden mir gar zu schöne Sachen
vor, und die Herrn, die einem so schöne Sachen
vorreden, haben oft nichts gutes im Sinne, wie

mein

mein Vater sagt. Adje, leben sie recht wohl,
und mit diesen Worten drehete sie sich schnell
um, und gieng fort. O hören sie doch nur
noch ein Wort! rief er — Nein, nicht ein
halbes, ich muß nach Hauße, und hierauf eil-
te sie fort. August stand ganz erstaunt, über
ihren schnellen Abschied, endlich drehte er sich
um, und setzte sich wieder in die Laube, wo ihn
George wacker auslachte. Er achtete nicht
drauf, denn diese Sprödigkeit hatte ihn nur
noch mehr in Hitze gesetzt. Verdammt! sagte er endlich, das Mädgen war kurz gebunden.
Bey meiner Ehre, der Fall ist mir bey einen
solchen Mädgen noch nicht vorgekommen; aber
weißt du was George, das Mädgen muß mir
ins Garn fallen, und sollte mir es 1000 Thaler kosten, ich bin wahrlich ganz entzückt von
ihr. Wenn du sie zur Frau haben willst, sagte George, so will ich Brautwerber werden.
— Ey nun, zur Frau mag ich sie eben nicht,
sagte er nachdenkend, aber zur Liebe muß sie
bezaubernd seyn. - So volle Backen, die Augen so schamhaft niedergeschlagen, so hübsche
schmachtende Augen, kurz es koste was es wol-
le George, ich muß meine Leidenschaft befriedigen.

bigen. In der That sagte George, mit einem
ernsten Lächeln, das ist ein schöner Vorsatz,
Herr August, glaubst du denn, daß die Mutter
dies Rösgen, so wohl gewartet hat, damit hernach ein räuberischer Ziegeuner über den Zaun
steigt, und es abbricht? Was hat dir denn
dies gute Mädzen gethan, daß du ihr ihre
Tugend rauben und sie unglücklich machen
willst? — Ey nu, Herr George, es wird
ihr nicht gleich den Hals kosten, ich will sie
glücklich machen; Denn wenn ich ihr drey-
vierhundert Thaler für ihre Gefälligkeit gebe;
So kriegt sie den besten Mann im Dorfe.
So? sprach George, und wenn sie denn den
Mann hat, so erfährt ers, daß du die Blume
gebrochen hast, oder daß sie gar schon in den
Stand der Mütter getreten ist und da giebts
Vorwürfe auf Lebenszeit, bey dem kleinsten
Versehen, Prügeleyen, und eine Hölle auf Er-
den für das arme Mädgen. Dadurch wird
sie denn entweder hartherzig und stöckisch, oder
ist sie von empfindlichen Herzen, wie sie scheint,
so grämt sie sich hernach zu todte. Das entsteht von solchen ungezähmten Händeln. Pos-
sen

sen sagte August, mit einer Bewegung der
Hand, wenn der Himmel einfällt, sind wir alle
todt! was du doch da vor schreckliche Folgen
daher machst. Da wird sie gleich fruchtbar
werden, da wird es gleich der Mann erfahren;
was das für Sorgen sind! das kannst du doch
glauben, daß ich die Sache so heimlich treiben werde, daß es kein Mensch erfährt —
heimlich treiben August? als wenn nicht alle
Liebeshändel offenbar werden müßten, als
wenn es nicht so gar bey Königen und Fürsten
ans Tageslicht käme, wenn sie auf den uner-
laubten Wegen des wilden Ehestandes gehen;
die doch Geld, Strafen, und alle Gelegenhei-
ten haben; ihre Ausschweifungen heimlich zu
treiben; geschweige denn bey dir, mit einen
Landindögen, auf dem Dorfe, wo die Leute auf
das kleinste Husten Achtung geben. Und gesetzt auch, es bliebe verschwiegen, es mag seyn.
Entweder du machst sie durch die Wollust lasterhaft, und da hast du das Verderben ihres
Herzens auf dir, oder sie bleibt gutartig, und
da muß sie sich ein Gewissen machen, daß sie
ihren Mann betrogen, und einen andern ihre
Ehre

Ehre verkauft hat. Das wird sie nun eben
nicht thun, sagte August, denn über so einen
kleinen Fehler wider die Tugend, macht sich
ein Mädgen kein Gewissen; sie kann sich ja
allemal damit entschuldigen, daß sie verführt
worden ist: Allenfalls wenn sie einmal histe-
risch wird, so macht sie sich solche Gewissens-
skrupel, aber dies ist ein Zufall, vor den man
nicht kann, und der höchst selten ist denn
die weibliche Natur ist zu ihrem Glücke sehr
leichtsinnig. Ey das wäre schön, wenn sich alle
Weiber über ihre Jugendsünden ein Gewissen
machen wollten, da würden zwey Drittel Kopf-
hängerin seyn müssen, und das ist doch, dem
Himmel sey Dank! nicht. In der That mein
lieber August, versetzte sein Freund, du urthei-
lest vom weiblichen Geschlechte, wie ein Va-
gabonde, der sie für schlecht hält, weil er nur
immer mit den schlechtesten zu thun hatte.
Ja, ja, so machen es alle Wollüstlinge, bey
den Tugendhaften werden sie abgewiesen, und
halten sie deßhalben für einfältig und frostig,
oder glauben, sie hätten nicht den rechten Ton
getroffen, in welchen sie wollen geschmeichelt
seyn,

seyn, und denn wenden sie sich zu den Leicht:
sinnigen, nach diesen beurtheilen sie das ganze
Geschlecht, und sagen denn; wenn nur der
rechte Mann kömmt, so überwältigt er gar bald
die affektirte Tugend, nnd findet den Schlüs:
sel zum Herzen, selbst der kalten jüngferlich:
spröden Betschwester. Und eben der Mann
scheinst du auch zu seyn; aber die Seufzer
der verführten Tugend werden auf deinem Ko:
pfe haften. Und ausser den unruhigen Stun:
den, die ihr vielleicht der Verlust ihrer Tu:
gend in der Zukunft macht, ist es auch noch
höchst wahrscheinlich, daß du sie um ihr gan:
zes zeitliches Glük bringst; denn laß seyn,
daß alles verschwiegen bleibt, so bringst du
doch eben durch diesen heimlichen Umgang dem
Mädgen Begierden bey, die wie Feuer in ihr
brennen, und immer gelöscht seyn wollen, du
gewöhnst sie zur Verstellung und zur Lüge, und
wenn du sie am Ende satt hast, oder auf eini:
ge Zeit verlassen mußt; so fängt das angezün:
dete Feuer an, immer stärker zu lodern, sie
nimmt sich einen andern Liebling, und ge:
wöhnt sich darüber zur Veränderlichkeit, wozu
junge Mädgen schon von Natur einen Hang
haben,

haßen, und denn geräth sie in die Hände von
liederlichen leichtsinnigen Burschen, die ihren
Leib und ihre Seele vergiften, oder sich mit
ihrer Gunst berühmen, und sie um ihre Ehre
bringen. Und ist vollends ihre Ehre verlohren, denn wird sie niederträchtig, wird vielleicht gar eine öffentliche Nymphe, und stirbt
am Ende in dem Hospital. Geh nur hin in
große Städte, und untersuche die Winkel der
Unzucht, so wirst du finden, daß der ganze Hause ihrer unglücklichen Bewohner, auf diese
Art, in sein Unglück gestürzt worden ist. Aber,
lieber Gott! rief August, was du doch immer
da vor schreckliche Voraussehungen an den Tag
bringst! allemal nimmst du doch die schlimm-
ste Seite von der Sache! glaubst du denn
nicht, daß mich das Mädgen rechtschaffen und
aufrichtig lieben kann, daß sie durch diese Liebe
eben nicht mehr wollüstig werden kann als eine
Ehefrau, und daß sie, wenn mich die Noth-
wendigkeit von ihr trennt, sich zwar betrübt,
als denn aber durch meinen Brautschatz den
ich ihr gebe, einen andern Mann bekömmt,
und mit ihm wie einer tugendhaften Ehefrau
gebührt, fortlebet? Geht denn dies nicht eben
so-

sowohl an? und wenn dies angeht; so kann
ich sie auch zu meiner Geliebten nehmen, und
den Trieb den die Natur unläugbar in den
Menschen gelegt hat, mit ihr befriedigen.
Gut August, sagte Georg, wir wollen den Fall
setzen, daß sich das Mädgen durch deine Liebe
nicht verschlimmert, aber auf alle Fälle wird
sie dadurch nichts gebessert, und du thust auf
alle Fälle eine That, die nicht allein die Natur, sondern auch das Gesetz unläugbar für un-
recht erklärt. Die Natur erklärt sie für uner-
laubt, weil sie so viel Mädgen als Knaben her-
vorbringt, und also nur für jeden Mann eine
Frau bestimmt, nicht aber die Erlaubniß giebt,
so viel Dirnen als man will zu kosten, das
Beste von ihnen zu genießen und seinen Brü-
dern, die doch gleiches natürliches Recht haben, die Träbern, die man nicht wollte, zurück
zu lassen. Ferner ist auch die Natur wider eine solche unregelmäßige Verbindung, weil dadurch ihr Hauptzweck, die Fortpflanzung ge-
hindert wird, denn bekanntermaßen ist in Ländern wo ein Mann mit mehr als einer Frau
zu thun hat, die Bevölkerung nicht so stark als
in Ländern, wo jeder Mann sich zu einer Frau
hält. Und das Gesetz der Moral, was das

D dazu

dazu sagt, weist du so gut, als ich dir sagen
kann; sie wird gewiß keine That billigen, die
dich und das Mädgen so leicht liederlich ma:
chen und verderben kann, eine That die mehren:
theils die Quelle aller Laster ist. Und ich
glaube, du würdest wahrhaftig eben keinen
Wohlgefallen daran haben, wenn einer deine
Schwester zu einer solchen Verbindung ver:
führen wollte. Aber lieber George, sagte hier
August, hör mich einmal an: du wirst mir zu:
geben, daß der Trieb der Liebe, unter allen Trie:
ben der Natur der heftigste ist, was soll nun der
Mann, den dieser Trieb aufs heftigste quält,
anfangen, wenn er nicht im Stande ist eine
Frau zu ernähren? davor, daß er eine Frau
und Kinder in Armuth stürzt, thut er, dächt
ich, allzeit besser, er sucht seine Begierde auf
eine andere Art zu stillen. Auf keinen Fall Au:
gust, denn erstlich wenn er Lust hat sparsam
zu leben, so kann er mit dem Gelde das er auf
seine wollüstigen Ausschweifungen verwendet,
eine Frau ernähren; sollte aber dieses gar nicht
angehen, und er könnte auf keinen Fall heyra:
then, so ist es seine Pflicht, keusch und tugend:
haft zu seyn, und die Zeit abzuwarten, bis er
heya:

heyrathen kann; und dieses kann er desto leichter, weil einen Mann, der Nahrungssorgen
und keinen herrlichen Tisch hat, die Wollust
nicht zu sehr anficht. Ach! schön George, unterdessen da der Reiche bey allem Ueberfluß,
sich in den zarten Armen seiner weichlichen,
wollüstig schmeichelnden Gattin wiegt, soll der
arme Gelehrte, oder Schreiber, oder Copiste,
oder wer er sey, nicht allein von der Begierde
nach einen bessern Zustande gespornt, sondern
auch noch überdies von der kützelnden Dame
Wollust geplagt werden, und soll sein Leben
unter lauter unbefriedigten Wünschen hinbrin-
gen? Nein, dies ist zu viel, die Ungleichheit
ist zu groß. Nein August sie ist nicht zu
groß, versetzte Georg, die Ueberwindung die
es ihm kostete, wird ihm gewiß in jenem Leben, von einen gerechten Richter hinlänglich
ersetzt werden. Denn jeder Sieg, den ich
über meine Leidenschaft davon trage, wird
mir gewiß einstmals, wenn anders Gerechtig-
keit und Belohnung der Tugend ist, reichlich
vergolten — Gut George; wenn aber dieser nämliche Mann nicht im Stande ist diese
Belohnung zu verdienen, wenn er nicht die

Macht

Macht über seine Affekten hat, und wie wenig
Menschen haben die! wenn er gar keine Hoff=
nung zu Verbefferung feines Zuftandes, und
zu einer Heyrath vor fich fieht, in der er ohne
kümmerliche Sorgen, für die Nahrung feiner
Frau und Kinder, leben kann, kann man es
ihm da zur Laft legen, wenn er fich mit einem
Mädgen einläßt, die mit geringerm Unterhal=
te zufrieden ift, als eine Frau, und wenn er
zugleich die Kinder die er mit ihr zeugt, gehö=
rig erzieht, wiewohl geringer, als er nach fei=
nem Stande feine rechtmäßigen Kinder erzie=
hen laffen müßte, aber doch fo, daß fie etwa
als ehrliche Handwerksleute fich dereinft näh=
ren können (denn ein ehrlicher Handwerker ift
eben ein fchäzbarer Mann) wäre ihm dies
wohl zur Laft zu legen? Was ift denn Ehe
anders als eine folche Verbindung, nur daß et=
wa die Kirchengebräuche dabey beobachtet wor=
den find, und die find nicht wefentlich; denn
die Verbindung von Mann und Frau inn Kin=
der zu zeugen, und fie groß zu ziehen, daß fie
ihr Fortkommen hernach finden können, das
ift eigentlich die Ehe. Das ift ganz gut
mein

mein lieber August sagte Georg, und ich würde den Mann der dieses thäte keineswege
verdammen, vorzüglich wenn er sich mit keiner
andern einließe, aber dazu rathen würde ich
keinem; denn du weißt wie veränderlich, vorzüglich in Liebessachen, der Mensch ist; wie
bald wird man also nicht eine solche ungesetz-
mäßige Frau satt kriegen, oder sich ihrer schämen, und weil mich kein Gesetz bindet, wie
leicht würde es da seyn sich zu trennen, und
was würden da für Folgen entstehen? werden da nicht die Kinder vernachläßiget werden?
werden sie nicht in der Irre herum laufen,
und schlecht erzogen werden? denn man kennt
schon die Erziehung der Mütter, ihr weiblicher
Verstand, und ihre große Zärtlichkeit, taugt mehr-
rentheils nicht dazu Kinder zu erziehen. Und
überdies, muß eine solche Mutter auch auf ihren Haushalt zu sehr sehn, muß auf ihren Unterhalt denken, und kann sich also wenig um
ihre Kinder bekümmern. Und laß es seyn daß
sie sie gut erzieht, so haben sie doch keinen
Vater der sich um ihr Fortkommen emsig be-
kümmert, denn der würde sich ihrer schämen,
weil er sich für den Urtheilen der Welt scheu-

et-

et, und wenn er sich auch um sie bekümmerte,
so bleiben sie doch immer als Hurkinder, in ei=
ner gewissen Verachtung, und werden jedes=
mal, daß man ihnen vielleicht etwas, von ih=
rer Geburt zu verstehen giebt, gewiß seine
Verbindung mit ihrer Mutter mehr verflu=
chen, als segnen.  Kurz nach unsrer jetzigen
Verfassung, ist eine solche Gehülfin der Liebe
auf alle Fälle eine Sache die lauter unange=
nehme Folgen nach sich zieht, und dir, wenn
die Leidenschaft vorbey ist, allezeit viel Reue
kostet.  Ich will einmal den Fall setzen, du
hättest die Standhaftigkeit, eine solche Mai=
tresse auf Lebenszeit als eine Frau beyzubehal=
ten. Was würdest du für eine wählen? Was
ich für eine wählen würde George? sagte Au=
gust, gewiß ein Mädgen von artigem Ansehen,
und von feiner Erziehung, und empfindenden
Herzen; denn blos für das Sinnliche, bin
ich eben nicht.  Nun gut August, wo wolltest
du also eine solche herbekommen? welches
Mädgen von guter Erziehung und von hüb=
schen Eltern würde sich dazu verstehen? Du
würdest also eine nehmen die schon verführt
wäre und sich zu diesen Handwerke bequemen
                                    müßte.

müßte. Diese würde deine Delikatesse, die
lauter ehrbare Jungfern verlangt, nicht vertragen können, und so würde es mit jedem andern gehen, der nicht ein ausgemachter Wollüstling wäre, und diese taugen gar nicht hie-
her, weil sie zu veränderlich sind, und immer
einen andern Gegenstand ihrer Ausschweifungen verlangen. Du würdest also ein armes
Mädgen von gutem Ansehen, und mit etwas
Verstande nehmen müssen, weil sich diese in
Hoffnung eines bessern Lebens, zu dieser Lebensart bequemen würde. Diese würdest du
in dein Haus zu einer Haushälterin nehmen,
wie es öfters so die Domherren zu machen
pflegen; denn ausser dem Hause, würde sie so
viel kosten als eine Frau, das gesteht gewiß
ein jeder, der da weiß, was zweyerley Wirthschaften kosten, nicht wahr? Ja, sagte August,
das geb ich zu und es wäre auch die bequemste
Art, sie im Hause zu haben. Nun gut August,
du hast sie denn. Weil sie immer nicht gewiß ist,
wie lange euer Contrakt dauert, so wird sie sich
reichlich bepacken, nnd sich wohl vorsehen, damit sie im Falle der Noth etwas zu leben habe. Also wird sie dich auf alle Art berücken,

denn

denn das hält ein solch Mädgen, von einer
niedern Erziehung, für keine Sünde, und ihre
Grundsätze werden auch durch ihren unerlaub=
ten Stand verschlimmert; und uberdies kann
man es ihr fast nicht verdenken; denn sie
muß ja immer wagen daß du sie satt bekömmst,
und denn hat sie ja kein Mittel dich länger zu
dieser ungesetzmäsigen Verbindung zu zwingen,
und ihren Unterhalt von dir zu fordern. Du
wirst also wenig von deinen Einkünften sam=
len. Nun bekommt sie ein Kind. Und von
nun an bekommt sie ein Gebiß, womit sie dich
im Zaum hält. Denn ihrer Ehre schadet es
nichts, wenn sie das Geheimniß verräth; sie
hat keine, aber dir kann es viel Nachtheil brin=
gen. Und deßwegen mußt du ihr immer
nachgeben. Nach und nach wird sie durch die=
ses Nachgeben über dich herrschen, und du
wirst es dir müssen gefallen lassen, denn du
wirst älter, und bist ihrer einmal gewohnt.
Sie wird sich im Tone einer gemeinen Dir=
ne mit dir herum zanken, und du mußt es ge=
duldig ertragen, sie betrügt dich, und du zuckst
die Achseln, und nach und nach gewöhnst du
dich

dich vielleicht selbst zu einer niedrigen Den=
kungsart, und alles dieses mußt du, aus
Furcht, daß sie dich prostituirt, ertragen, und
zwar von einer niedrigen Dirne. O August!
hättest du also nicht besser gethan, wenn du
eine Frau genommen hättest? sie würde ge=
wiß besser denken, als jene Dirne; und mußt
du auch einige Unbequemlichkeit von ihr ertra=
gen; so ist sie doch deines Standes, bringt
dir vielleicht Vermögen, oder ansehnliche Ver=
wandschaft zu, oder versüßt dir die Unbeqemlich=
keiten auf der andern Seite, durch ihre Ta=
lente und ihren angenehmen Umgang. Ey
was! rief August, das will ich ihr wohl lernen
mich zu betrügen, und mich pöbelhaft zu schim=
pfen, da will ich ihr schon den Daumen aufs
Auge drücken, ich müßte wahrlich kein Mann
seyn, wenn ich mich so wollte behandeln lassen!
da sperrt man solche Dirnen bey Wasser und
Brod ein, und da wird sich der Grimm schon
geben, oder giebt sichs nicht, so jagt man sie
fort, es ist ihre eigene Schuld. Schön! rief
George, das kömmt auf meine alte Rede, da
wird die Verbindung getrennt, du nimmst ei=

ne

ne neue Dirne und was wird denn aus der erſtern und aus ihren Kindern? Sie läuft im erſten Zorn zu ihren guten Freundinnen und Anverwandten, und verplaudert das ganze Geheimniß, und denn wirſt du das Geſpräch des Pöbels, und bekömmſt den Ehrentitel eines Hurengeſellen. Ey laß die Leute reden, verſetzte Auguſt, ein ſtarker Geiſt ſetzt ſich über dieſe Reden weg, denn er ſieht auf den Grund der Sache, daß dies ſeiner Ehre nicht für einen Heller ſchadet, und wenn es die ganze Stadt mißbilligt. — Pfui Auguſt, das iſt dein Ernſt nicht, ſo wider den allgemeinen Anſtand zu ſündigen. Was würden die Folgen ſeyn? Gieb acht — Jedermann wird dich für niederträchtig denkend halten, und wenn du gleich ſonſt noch ſo großmüthig, noch ſo philoſophiſch denkſt. Deine Verwandten werden dich ſcheel anſehen und verachten, weil du ihnen Schande machſt, du wirſt bey jedermann an deiner Achtung verliehren, und kein rechtſchaffnes Mädgen wird dich laſſen zu nahe kommen, aus Furcht in üblen Ruf zu gerathen, und du weißt wie nöthig der Umgang

gang mit wohl gesitteten Frauenzimmern zum
menschlichen Leben ist; und was wird endlich
dein Gewissen sagen? Du lächelst August?
Guter Mann, achte die Sache nicht zu ge-
ring! — George höre an; was der Vernunft
und dem Gesetze der Natur nicht widerspricht,
dies zu thun, macht sich ein rechtschaffener und
aufgeklärter Mann kein Gewissen. — Guter August damit kömmst du nicht fort. Ich
kenne sie schon die aufgeklärten Männer; so
lange ihr im sanften Schooße des Glücks ruht,
so seyd ihr über Religion und hergebrachte gute Sitten; wie aber wenn nagende Anfech-
tungen und Unglücksfälle kommen? denn rafft
die Phantasie alles zusammen, wo ihr nur den
kleinsten Fehler begangen habt, und schiebt es
euch vor das Gewissen, und denn sey es Vor-
urtheil der Erziehung, oder sey es moralisches
Gefühl, welches man Gewissen nennt, kurz es
nagt euch wie ein Wurm, und macht eure
Stunden trübe. Und wo ist denn der große
Geist, welcher sich alsdenn so drüber naus
setzen kann? Es gehört viel Zutrauen dazu;
wenn jemand glaubt, er sey dieser Mann.
Und wahrhaftig, schon deswegen sollte man
auf

auf der Bahn gehen, die tausende vor uns be=
treten, wenn man es auch nicht aus Gründen
der Religion thun wollte, vornämlich in Sa=
chen die ein jeder schon an sich für gut erken=
nen muß.   Denn so ganz allein vor sich seinen
Einfällen folgen zu wollen, ist gefährlich.   Es
prüfe sich nur ein jeder ehe er solche neue Ab=
weichungen von der Moral, und Religion
macht, er wird allemal finden, daß es geschieht,
um seine Neigungen zu befriedigen, und wird
gewiß keinen festen Grund haben.   Und soll=
te er keinen andern Grund haben, so geschieht
es aus Eitelkeit, um sein besonderes vor andern
Erdensöhnen zu haben.   Aber laß diese Eitel=
keit, die durch Glück und eine gespannte Phan=
tasie entsteht, sich legen, laß übellaunige Stun=
den, laß Krankheit oder das mürrische Alter
kommen; so verschwindet das Luftschloß der
Phantasie, das sie sich beym Wohlseyn bauete.
Sie sieht ein, daß der einsame Weg den sie
sich über die Gebirge des Lebens, fern von al=
ler gewöhlichen Bahn nahm, doch nicht so
anmuthig war, als sie sich vorstellte.   Anstatt
daß sie sich im lebhaften Schwunge einbildete;
du bist es die es wagt auf den Gipfel herum zu
klet=

klettern, unten steht die Menge mit starren verwundernden Augen, und ruft; seht welcher kühner Mann, der auf dieser gefährlichen Bahn so muthvoll daher wandelt; Anstatt dieses anmuthigen Bildes, erscheint ihr jetzt ein anderes. Sie sieht sich auf schroffen Felsen, verlassen alleine, kann nicht hinter sich noch vor sich, giebt sich ängstliche Mühe herunter zu kommen, aber ungeheuere Klippen und Gefahren verhindern es; unten steht das Volk, sieht ihr ängstliches Bemühen, und lacht und schreyt, seht den Thoren, der aus Eitelkeit sich als ein Sonderling, auf unzugängliche Felsen begab, wo nur Gemse und mondsüchtige Nachtwanderer mit Gefahr ihres Lebens klettern! Und denn macht sie sich selbst Vorwürfe, und ärgert sich über das Vergangene, aber es ist geschehen, es kann nicht wieder rückgängig gemacht werden. August hatte indessen ganz ruhig zugehört, endlich erwachte er vom Nachdenken. Ey! rief er, mit deinen Deklamationen George. Als wenn wir nicht Beyspiele genug hätten, daß sich Leute mit der größten Gelassenheit und Gemüthsruhe, über die Gesetze des Ehestandes weg gesetzt haben.

Nimm

Nimm eine Ninon Lenclos, die zärtliche, und immer heitere Buhlschwester, nimm einen Lord Baltimore er führte ein ganzes Seraille mit sich, ohne daß sein moralisches Gefühl, ein Wort dazu gesagt hätte, er war im Gegentheil immer bey guter Laune. — So? August, kannst du dem Menschen in die Seele sehen? weißt du nicht daß hinter dem lächelnden Gesichte, öfters schwarze Gemüthsunruhe sitzt? Ueberdies machen ein Paar solche Ausnahmen noch keine Regel, wir betrachten die Sache im Ganzen. Ein Lasterhafter stirbt oft so ruhig als ein Tugendhafter; kann man hieraus wohl die Folge machen, daß das Laster unser Ende nicht beunruhige? Und wie war es mit Ninon Lenclos, grämte sie sich nicht zu Tode, weil sich ihr Sohn in sie verliebte, und als er erfuhr daß sie seine Mutter sey, sich erstach? solche Folgen entstehen von solchen Handlungen der starken Geister. doch das laß ich an seinen Orte. Was denkst du wohl das heraus kommen sollte, wenn wir viel solche Ninon Lenclos hätten, und bekäme eine jede nach Gelegenheit von 10 Männern, 10 Kinder, welche Verwirrung in den Namen, und wo-

von

von will eine Frau die kein Amt hat sie ernähren? Soll etwa jedes sein Vater ernähren,
und sich seiner annehmen? dieser wäre durch
die Veränderlichkeit in der Liebe schon verwöhnt,
und hätte gewiß schon mit verschiedenen andern
Dirnen verschiedene Kinder gezeugt. Wie soll
er sie ernähren? hätte er sie mit einer Frau
gezeugt, und in seiner Kost, so liesse sich dieses
weit eher thun. Ich will gar die Folgen nicht
weiter treiben, du wirst schon selbst einsehen,
was für Unordnung daraus entstünde. Ey
nun freylich sehe ich dies ein, sagte August, aber
ich will ja auch, daß sich jeder nur eine Maitres-
se halten soll. Und wenn sich da einer ein
schickliches Mädgen wählt, so hat er wahrhaf-
eben nicht mehr Ungemächlichkeiten zu befürchten, als im Ehestande. Denn wahrhaftig
welcher Mann von Ueberlegung kann es jetzo
wagen zu heyrathen, da die Weiber ganz in
Eitelkeit und Verschwendung im Putze, ver-
sunken sind. Zum Heyrathsgute bringen sie
Spitzen und Bänder, Hauben, und das baare
Geld, das sie etwa mitbringen, verschwenden
sie in einigen Jahren in Spitzen und Bändern.

dern. Und ist ihr Vermögen verthan, so ver-
thun sie auch die Einkünfte ihrer Männer in
Spitzen und Bändern. Dies ist jetzo der Un-
tergang so vieler Familien. O da brauchst du
keine solche zu nehmen August, die ihr Glück
in Spitzen und Bändern setzt, versetzt sein
Freund. Da käme ich erst recht an, antwortete August. Die keine Kenntnisse von Spi-
zen und Bändern haben, die sind meist so un-
polirt uud so dorfmäßig, daß man an ihnen
statt einer Frau eine Magd hat, und die will
ich nicht, denn ich verlange an meiner Frau eine Gefährtin des Lebens, und eine verständige
gute Freundin. Schön August; rief George,
das ist die Hauptsache beym Ehestande, und
das ist der Hauptgrund, warum ich jedem rathen will zu heyrathen. Du weißt wie wenig man sich jetzo auf die Freundschaften der
Menschen verlassen kann: die mehresten werden aus wechselsweisen Intresse geschlossen. So
bald man von seiner Freundschaft keinen Nuz-
zen, und wohl gar Schaden sieht, so macht man
sich von ihren Banden los. Und, o, wie süß,
wie nöthig ist es, einen treuen Freund zu haben,

ben, mit dem man seinen Gram und seine Freude theilen kann; der Gram wird vermindert,
und die Freuden verdoppeln sich, durch wech-
selsweise Theilnehmung. Verlangst du einen
solchen treuen Freund, o so nimm eine verständige tugendhafte Gattin. Das weiche weibliche Herze, wenn es tugendhaft ist, ist ganz
zur Liebe, ganz zur wechselsweisen Theilnehmung, und zur sanften Freundschaft geschaffen.
O Himmel, wenn ich daran gedenke, was ich
vor ein neuer Mann bin, seit dem ich gehey-
rathet habe, was ich aus meinem jetzigen Standpunkte vor neue Reize erblicke, die für den
unverehelichten in Dunkelheit verborgen liegen,
o wenn ich dirs so recht überlege; so überfällt
mich ein sanfter Schauder der Freude. Die
süsse Empfindung Vater zu seyn, ein zweytes
Ich in seinem Kinde zu haben. Die Wonne
des Herzens, wenn ich meine Gattin, die einzige treue Freundin meiner Seelen küsse, von
der ich offenbar überzeugt bin, daß sie es redlich mit mir meynt; denn ihr Glücke hänget
feste mit dem meinen zusammen. Sie nimmt
an meinem Glücke den wärmsten Antheil; und

E                    ver-

versüßt meinen Kummer durch süße tröstende
Worte. Und welche göttliche Freude, der
Beschützer, der Wohlthäter seiner Familie zu
seyn, an seinen Kindern sich neue Freunde zu
erziehen, die uns aufrichtig lieben, und alle
Freuden die sie genießen ganz lebhaft mit zu
empfinden. O wie schön ist alles dieses!
Recht schön, erwiederte August, wenn man es
so mit erhitzter Phantasie betrachtet. Wie
aber wenn dein Weib zänkisch und mürrisch
wird, wenn sie deine Geheimnisse verplaudert,
wenn deine Kinder durch liederliche Streiche
dein Leben vergiften, was wird denn aus dem
himmlischen Leben des Ehestandes? Mein lie:
ber August, das sind Zufälle, die man theils
vermeiden kann, oder kann man sie nicht ver:
meiden; so muß man sie als Schickungen des
Himmels mit Standhaftigkeit ertragen. Auf
alle Fälle habe ich da den Trost, daß ich nach
dem Gesetze der Natur und der Religion, rich:
tig handelte und den Weg betrat, den Tausende
vor mir betraten; Stößt mir ja ein Unglück
auf; nun so habe ich meine Pflicht gethan,
zeuge meine Schultern, und bitte, und erwar:
te,

te, vom Himmel bessere Tage. Wie aber wird
es mit dir aussehen, wenn dein Kebsweib, deine Miß Rahab, die dir das Bette wärmen
muß, einen andern das Bette wärmet? Wie,
wenn sie ein Gesicht macht wie ein böser Ty-
ger, und murrt und brummt, wie muß dich dieses kränken, da sie noch darzu von niedriger
Art, und Verrichtung ist; wie folgents wenn
deine Liebeskinder böse Streiche anfangen
und sich in den Lastern herum wälzen?
wie wird dich das beunruhigen, daß du auf
unrechtmäßige Art solche böse Buben zeigtest!
wird dir nicht das moralische Gefühl zurufen:
das sind die Strafen des Himmels, vor deine
Unzucht, du bist die Quelle dieser Bösewichter;
o welche schwarze Unruhe wird dir dieses machen! — Ey ja mein lieber George, da
muß man freylich davor sorgen, daß sie gut erzogen werden, und hat man das gethan; so
kann man vor das übrige nichts. Aber nur
schlimm, August, versetzte George, daß einem,
wenn man nicht auf erlaubtem Wege geht, die
kleinste Sache große Unruhen macht. Ueberdieses August, muß man auch darauf denken,
daß man alt wird, wer soll dich da warten und

pfle-

pflegen, nicht wahr deine Kinder? Und sie
werden es auch gerne thun, wenn du nicht ein
Murrkopf wirst, und denn auch thun sie es aus
Schuldigkeit, wenigstens dem Anscheine nach,
gerne. Sieh einmal wie das so fein ist, wenn
man so am Sonntage unter seiner Familie, als
ein ehrwürdiger Hausregente, neben seiner ver-
jährten Hausehre oben an sitzt. Alles läuft
mit ehrfurchtsvoller Miene zu Paaren, und
sucht dich recht gut zu bedienen, man legt dir
die weichsten und besten Stücke vor, und
wenn du redest, so hört jedermann den weisen
Ausspruch, und jeder nimmt ihn ehrfurchtsvoll
vor einen Orakelspruch an. Man bringt dir
deine Enkel, sie stammeln dir Großvater zu,
o was für ein süßer Ton, was vor eine süße
Erinnerung! Du bist der Mann der dem
Staate so wohlerzogene Kinder und hoffnungs-
volle Enkel gab. Du bist der Mann, der Menschen
zeugte, die dich verehren, die dich aufrichtig
lieben. Wenn du munter bist, und so recht
mit aufrichtigem Herzen mit ihnen scherzest, o
da sagen sie, unser Großvater ist doch gar ein
guter Mann, er meynt es so gut mit uns, und
ist so freundlich, der gute Großvater! Und denn
thun

thun fie dir alles zu Gefallen, was fie dir nur
an den Augen abfehen können. Wirſt du et=
wa einmal unpäßlich, o da kann man es ihnen
auf dem Geſichte lefen, wie fie ſich betrüben.
Sie befuchen dich, fie fitzen um dein Bette,
und fragen alle Augenblicke, Graßvater, wie
iſt ihnen jetzt, wie befinden fie ſich, fie ſchicken
dir von allen Leckerbißgen die auf ihren Tiſch
kommen. Kurz fie ehren dich und lieben dich
aufrichtig. Das iſt recht gut, fiel hier Auguſt
ein, aber das kann ich als unverheyrathet auch
haben, denn ich traue der menſchlichen Natur
wirklich ſo viel gutes zu, daß ich glaube meine
guten Freunde werden es eben ſa rechtſchaffen,
eben ſo zärtlich mit mir meynen, als meine
Kinder. — Das ſehe ich recht gerne Au=
guſt, ſagte George, daß du der menſchlichen
Natur ſo viel gutes zutraueſt, aber überlege
nur, daß dich bey der Freundſchaft, nur ein
Band bindet, und dieſes kann dennoch durch
kleine Mißhelligkeiten, die ſich vielleicht in
übellaunigen Stunden äuffern, und durch die
Hitze und üble Laune, auf beyden Seiten ver=
gröffern, entweder geſchwächt, oder wohl gar

E 3 zer=

zerriſſen werden. Die Freundſchaft zwiſchen Eltern und Kindern aber, gründet ſich auf mehr Verbindungen, auf Bande der Natur, der Religion, und der guten Sitten, und deßwegen iſt ſie beynahe unzertrennlich. Denn wird ſie aus keinem andern Grunde unterhalten, ſo geſchieht es doch nm böſen Ruf zu vermeiden. Aber nun laß uns doch deine Lebensart beleuchten, die du als ein alter Junggeſelle führen wirſt. Anſtatt das jeder Hausvater, mit ſeinen Kindern einen zärtlichen Umgang hat; ſo haſt du zu deiner Geſellſchaft deine alte Haushälterin, (denn wäre ſie noch jung, noch ſchlimmer, die würde dir alten Gecken noch mehr beſchwerlich ſeyn) dazu ein Paar Bediente und einen alten Hund, der dein Podagra an ſich ziehen ſoll, denn alte Junggeſellen pflegen mehrentheils damit geplagt zu ſeyn, weil ſie aus Veränderlichkeit in der Liebe öfters ſehr ausſchweifen, weil ſie an keine Ordnung, wozu uns der Eheſtand führt, gewöhnt ſind, und weil ſie mehrentheils etwas rauſchend leben, indem ſie nicht wiſſen vor wen ſie ihr Geld ſparen ſollen. Das iſt alſo nun deine Geſellſchaft; eine Haushälterin, ein Paar alte Bediente und

und dein Hund, der Podagra Ableiter. Wer
wird dich warten wenn du krank bist? deine
Freunde? die können sich nicht so zärtlich um
dich bekümmern, als deine Kinder. Und wie
viel Freuden wirst du einbüßen, die du durch
deine Kinder täglich erlebt hätteft. Ueberdies
wirst du mürrisch, denn das ist eine Eigenschaft
der mehresten alten Junggesellen. Weil ihr
Herze nicht durch die zärtlichen Bande der
Natur sanfte geworden, weil sie nicht so
genau mit dem menschlichen Geschlechte
in Verbindung stehen, als ein Vater
durch seine Kinder, weil sie mehr in Einsam-
keit leben, als Männer die Familien haben;
so wird ihr Alter weit mehr zum Mißtrauen
und zum Menschenhasse geneigt, als das Alter
von jenen. Ueberdieses weil sie sich um ihre
kleine häusliche Angelegenheiten, um den Kü-
chenzettel bekümmern, Sachen die bey Famili-
en vor die Hausfrau gehören, und deßwegen
alle Tage mit ihrer alten Haushälterin Raths-
versammlungen halten müssen; so bekommen
sie am Ende wohl gar den geschwätzigen Ton
der alten Weiber, oder lernen niedriger denken.
Und noch darzu ist ihr Name der Titel eines

E 4         alten

alten Junggesellen, ein Titel, welcher allezeit,
mit einer lächerlichen Miene ausgesprochen
wird. Haben sie Vermögen, so kömmt es an
lachende Erben, die ihnen vielleicht immer den
Tod wünschen. Und noch zwanzig andere solche Sachen, die zu langweilig sind, als daß
ich sie daher erzähle. Zum Beyspiel: Es
kommt ihnen, wie oft geschieht, im Alter noch
an zu heyrathen, und denn nehmen sie ein jun-
ges Mädgen, denn sie sind sehr delikat in ihrer
Wahl, und lassen sich denn Hörner aufsetzen.
Ja, ja George du hast in vielen Stücken recht,
das sehe ich wohl ein, erwiederte sein Freund,
nur schlimm wie ich schon gesagt habe, daß es
so schwer ist, eine Frau zu bekommen, die sich
vor einem schickt, denn du weißt ja selbst, wie
schwer es ist, ihren eigenthümlichen Charakter
zu erkennen, da sie von Jugend auf gewöhnt
werden, ihre Absicht zu verbergen, und sich zu
verstellen. Und wird man denn in seiner
Wahl betrogen; so hat man sich eine Last auf
Lebenslang aufgebürdet. Deßwegen gehört
wirklich viel Entschliessung dazu, eine Frau zu
nehmen, weil man sich gar leicht in eine Skla-
verey stürzen kann, die nur erst mit dem Tode
auf-

aufhört. Ich setze den Fall; ich wollte hey=
rathen, wo soll ich eine bekommen, die nach
meinem Wunsch ist? Nehme ich eine die einen
guten Ton hat, und den verlange ich von einer
Frau, so bringt sie mit diesem guten Tone, den
sie erst durch viele Gesellschaften gelernet hat,
eine Neigung zu Gastereyen, zu neuen Moden,
und zu allerhand neugebackenen Verschwendun=
gen mit, die einem das Geld aus der Tasche
spielen, so, daß man im Alter darben muß.
Und nehme ich eine die gut wirthschaften kann;
so hat sie vor vielen Haushaltungsgeschäften
ihren Verstand nicht gebildet, sie hat nichts ge=
schneidiges in ihren Sitten, sie weiß nichts zu
reden, ist nicht angenehm in Gesellschaft, lang=
weilig und nicht unterhaltend als Hausgenoßin,
kurz nicht so wie ich sie verlange, und ich wer=
de unglücklich seyn. Ist es denn also nicht
besser George, ich heyrathe nicht, so bleibe ich
doch frey, und kann nach Gefallen leben? —
Hör an August, du verlangst zwar viel von
einer Frau, guten Ton, unterhaltend, wirth=
schaftlich, modisch, aber auch nicht zu sehr,
und was es alles weiter ist; aber ich will dir

E 5 doch

doch einen Vorschlag thun, der deine Wünsche
vielleicht befriedigt. Es ist wirklich gewiß,
daß ein Mädgen, das den guten Ton der grossen Welt hat, mehrentheils mit demselben die
Neigung zur Eitelkeit und zur Verschwendung
sich angewöhnt, und dadurch zugleich ihr Herze verschlimmert. Also wird sie zu einer Hauss-
frau und zu einer Freundin im Ehestande
nicht eben gar tauglich seyn; dann Freundschaft verlangt ein redliches unverdorbenes
Herze, und ein guter Haushalt eine wirth-
schaftliche Frau. Und wo findest du noch redliche sanfte unverdorbene Herzen? Auf dem
Lande mein Freund. Hier will ich jedem
rechtschaffenen Manne rathen, sich eine Frau
zu nehmen. Hier vergiftet kein verführe-
rischer Gecke das Herze eines unschuldigen
Mädgen; durch übertriebene Schmeicheleyen
von ihrer Schönheit, und gewöhnt sie auf ihre Reize stolz zu werden, und sie aus Eitelkeit durch Putz, und ein freyes unverschämtes
Wesen, noch mehr anzupreisen. Hier wallt
noch ein tugendhafter Busen hinter einem
weissen Halstuche, und reizt wahrlich mehr,
als der Busen der vornehmen Kockette, der
nur

nur zum Spaß mit durchsichtigen Spitzen be-
deckt ist, in der That aber zur Schau vor einen jeden steht, wie Erd-und Himmelsglobi
auf einer öffentlichen Bibliothek. Man glaubt
es kaum, aber gewiß die allzugroße Entblö-
sung thut der natürlichen Schamhaftigkeit, der
einzigen weiblichen Zierde, und zugleich ihrer
Tugend, großen Schaden. Aber nicht allein
die Tugend ist es, die Mädgen vom Lande
anpreiset, sondern auch ein gewisses gutartiges
Wesen, eine Sanftmuth der Seele, die sie
durch den öftern Umgang mit der Natur sich
angewöhnen. Wenn man sich so beständig
unter Gottes freyen Himmel aufhält, wenn
man so beständig die angenehmen Gegenstände der Natur, blühende Wiesen, und reizende
Gefilde sieht; denn wird das Herze in eine
sanfte Bewegung, und die Seele in eine gewisse Ruhe gebracht, welche sich über alle Züge verbreitet, und zu Ausübung tugendhafter
Handlungen treibt. Zu dem trägt die reine
ländliche Luft viel dazu bey, die Seele offen
und gefällig, nicht aber gebietherisch und zänkisch zu machen. Dahingegen die Mädgen,
vorzüglich in großen Städten, wegen ihrer

sitzenden

ſitzenden eingeſperrten Lebensart, mit hiſteri=
ſchen Dünſten und mit Eigenſinn ganz ange=
füllt ſind. Welches aber auf dem Lande, wie
auch in kleinen Städten wegen der mehr uns
gekünſtelten Lebensart, nicht ſo häufig iſt.
Und deßwegen wollte ich einem jeden rathen,
ein Mädgen vom Dorfe, oder aus einer klei=
nen Stadt zu nehmen, weil ſie ſo nahe an
des ländliche Leben gränzen. Aber erwieder=
te Auguſt, wo werde ich in einer kleinen Stadt
oder auf dem Lande ein Mädgen finden, die
doch ein wenig gute Lebensart hat, und
die doch wenigſtens das Herz und Verſtand,
durch etwas Lektüre aufgeräumt hat, wie ſel=
ten trifft man ſie an? Du haſt recht, erwieder=
te jener, man findet ſie nicht ſo gar häufig, un=
terdeſſen trifft man ſie doch noch hin und wie=
der an. Es giebt hier und da noch verſtändi=
ge rechtſchaffene Männer auf dem Lande, die
ihre Töchter tugendhaft erziehen, und dafür
ſorgen, daß es Licht in ihrem Verſtande werde.
Man findet hin und wieder welche, die nicht
nur den Gellert und Rabner, Bücher die jetzt
das Land von der Dummheit reinigen, und all=

gemein

gemein sind, sondern auch noch andere neue
Schriften lesen. In ihren Sitten findet man,
nach dem nun ihr Geist beschaffen ist, eine gewisse ländliche Sanftmuth, oder Naivität, oder
Wildheit, die man gar leicht, zum Schmachten,
den, zum Ungezwungenen, und zum Launigen
der großen Welt, umbilden kann. Nimm ein
solches Mädgen zur Gattin, und werde ihr Leh-
rer in der Verfeinerung ihrer Sitten, so kannst
du mit der Wirthschaftlichkeit, mit der Treu-
herzigkeit des Landlebens, den guten Ton, und
ein gutes Betragen in der Gesellschaft verbinden, und hast sodenn eine Freundin und eine
Gattin wie du sie wünschest. Und dieses ist
wahrhaftig so gar schwer nicht. Nimm sie
mit in große Gesellschaften, und reise mit ihr
etliche Sommer in ein Bad; Lebe auf einige
Zeit in einer großen Stadt so werden sich ihre
Sitten, wenn sie Verstand hat, schon verfei-
nern; aber dies thue gleich im ersten Jahre,
wenn ihre Liebe zu dir noch am heftigsten ist;
denn da hast du nicht so leicht zu befürchten,
daß sie in der großen Welt verführt wird, weil
ihre Hauptneigung noch auf dich gerichtet ist.
Und wenn du denn glaubst daß ihr Betragen
gut

gut genug ist, um sie mit Ehren in Gesellschaft
zu führen, denn fliehe das Getümmel der grossen Stadt, setze dich auf dein Landgut, und ge-
niesse frey vom Neide, und von den Ränken
der großen Gesellschaft, die sanfte Ruhe, das
redliche Biederleben, und die selige Ruhe
der Seelen, die nur das Landleben uns ver-
schaffen kann. Der Entwurf liesse sich schon
hören, sprach August. Aber ich habe noch verschiedene Bedenklichkeiten dabey. Wird nicht
ein solches Mädgen, von zwar vernünftiger
Erziehung, die aber noch nicht viel unter Leu-
ten, von feiner Geburt und Lebensart gewesen, wird sie nicht durch das neue der großen
Gesellschaft ehrgeizig werden und um gänzlich
zu zeigen, daß sie nichts von ihrer Geburt
mehr an sich habe, oder um selbige zu bedecken,
die große Dame spielen wollen? Wird sie
nicht eine Ehre darinne suchen, von jungen
Gecken vom Stande geschmeichelt zu werden.
Und wird sie nicht dadurch noch eher in verbul-
tes Wesen und Verschwendung gerathen? Dieser Fall ist bey jeden Mädgen möglich, versetzte George, aber bey einem Mädgen von länd-
licher Erziehung vorausgesetzt, daß sie tugendhaft

haft und vernünftig ist, am allerwenigsten, denn
erstlich ist ihr Verstand schon zu ernstern Geschäften gewöhnt, und kann sich nicht an die
Kleinigkeiten der Bulerey so leichte gewöhnen,
und denn wenn sie dich einmal liebt, so wird
sie dich mit solcher festen Neigung lieben, daß
sie gewiß an keinen jungen Gecken Gefallen
finden wird, vorzüglich wenn sie Verstand hat,
und gute Grundsätze, und darauf mußt du
denn freylich bey der Wahl sehen. Und diese
beyden Eigenschaften werden sie gewiß vor
dem Stolze bewahren, der Mädgen anwan-
delt, die aus einem geringern Stande zu einem höhern steigen. Da du denn überdies ihr
immer als Rathgeber, der die große Welt
kennt, zur Hand gehest; so werden sich Tugend und gute Grundsätze, verbunden mit einer
warmen Neigung zu dir, nicht in so kurzer
Zeit ausrotten lassen, nachdem sie in ihrem
Herzen von Jugend auf Wurzel geschlagen haben. Ueberhaupt rede ich alles das, was
ich da gesagt habe aus Erfahrung, und verdie-
ne gewiß um desto mehr Beyfall. Nun sagte August; so laß denn deine Erfahrung auftreten, um deinen Satz zu beweisen. O ja;
das

das kann ich August. Die Erfahrung habe
ich an meiner eignen Frau gemacht. Sie ist
zwar nur die Tochter eines Landpredigers von
geringem Vermögen, aber du kannst sehen was
ein Mann ohne groß Vermögen, aber mit einer rechtschaffenen und verständigen Seele, bey
der Erziehung seiner Kinder thun kann. Ich
will nicht selbst urtheilen, weil ich als Ehemann
partheyisch seyn könnte, aber sag mir offenher-
zig was hältst du von ihren äusserlichen Betragen, und ihrer Aufführung in der Gesellschaft?
Ich muß frey bekennen, versetzte sein Freund,
das beydes so ist, daß du dich ihrer in keiner
Gesellschaft zu schämen brauchst; und wahrhaftig, könnte ich eine Frau bekommen wie die
Deine, ich würde mich nicht lange besinnen, zur
Parthey der Ehemänner überzugehen. Gut
August sprach George, von ihren moralischen
Eigenschaften laß mich als Ehemann urtheilen. Die gute sanfte Seele! so weich so mit-
leidig, so zärtlich wie ein Engel. O wie sie
mich so zärtlich liebt: wie ich so zärtlich sie
wieder liebe! Wie sie sich ängstiget, wenn ich
nur Kopfschmerzen habe, oder nur eine Stunde
län-

länger auſſen bleibe als ich verſprach. O Gott!
was ich vor Freuden ſchon im Eheſtande em=
pfunden habe, die kannſt du dir nicht einbilden
Auguſt. Da ſieh; von allen dieſen Freuden,
haſt du in deinen Herzen keine Empfindung
in deinem Kopfe keine Ideen. Eine ganze
Hauptſcene der Freuden des menſchlichen Le=
bens, iſt vor deiner Seele verborgen. Wenn
ich ſo an einen ſchönen Sommerabend durch
das Feld ſchleiche, o welche ſanfte Empfindung
bemächtigt ſich da meines Herzens! wenn ſie
ſo neben mir geht, in Entzückung mich mit
ſchmachtendem Auge anſieht, und ich ſie ſodann
an meine Bruſt drücke, mit innigen Gefühle
der Seele, mit der ganzen Fülle des Herzens;
Denn verliehren ſich meine Gedanken, und in
meiner Seele bleibt nichts übrig, als ein
himmliſches Entzücken, eine ſelige Begeiſte=
rung. O Auguſt! ſollteſt du dies je empfin=
den können, wie würdeſt du vom Eheſtande
anders denken! Wenn ich ſo des Abends mit
ihr vertraulich Hand in Hand auf dem Kana=
pee ſitze, und die kleinen ſüſſen Kinder auf dem
Schoos, die uns durch ihre ſanfte Unſchuld
entzücken, o welche Vermehrung unſrer wech=

ſels=

selsweisen Zärtlichkeit! hier sehen wir liebe Ge-
schöpfe, in welchen sich unser Geist und Körper noch genauer verbanden; sie sind das Band
welches unsere Liebe und unsere Zärtlichkeit
auf das vollkommenste zusammen knüpft.
Gott, welche Freude! ein Wesen zu sehen in
welchen man aufs neue lebt, und sein eigen
Fleisch und Blut ans Herze zu drücken; wie
muß man seine Gattin lieben, die gleichen
Antheil daran hat, wie muß man sich so gänzlich auf ihre feurige Zuneigung verlassen können,
da sie so fest verbunden ist, und vorzüglich wenn
sie so viel vorzügliche Eigenschaften hat, wie
die meinige, und man so viel Ehre von ihr hat;
o welches süsses Vergnügen! Im Anfange war
denn mein Weibchen freylich noch nicht so artig als jetzo, sie war ein sanftes artiges Dorfmädgen, ziemlich gut für ein Dorfmädgen erzogen, aber noch ein wenig steif ein wenig um-
ständlich. Ich zog mit ihr nach B. um ihren
Sitten mehr Feinheit, mehr Ungezwungenheit
zu geben. Ich nahm sie mit in große Gesellschaften. Und weil sie artig aussah, und gegen jedermann sehr sanft und bescheiden war;
so sahe sie jederman gerne, und war bemüht
ihr

ihr gefällig zu seyn; dadurch verlohr sie bald
alle Schüchternheit, und bekam einen freyen
Anstand. Aber nach und nach fieng sie an,
das Lerm und Getümmel der großen Stadt
überdrüßig zu werden, die großstädtische Nei=
gung zum Neide und zur übeln Nachrede, wur=
den ihr verhaßt, und sie bat mich sie wieder
auf das Land zu führen. Mit Vergnügen
willigte ich darein, und nun genieße ich hier
die süsseste Ruhe, und eine wahre paradiesische
Glückseligkeit. O Freund August! Willst du
sie auch schmecken: so bekehre dich von deiner
Neigung ein Hagestolz zu bleiben, und nimm
dir ein sanftes Weibchen; denn wirst du erst
wahre Seelenruhe schmecken, die du bey deiner
jetzigen freyen, und ich möchte wohl sagen, et=
was wilden Lebensart, wahrhaftig nicht genie=
sen kannst. In der That George sprach Au=
gust, du hast mir den Ehestand so reizend ge=
macht daß ich beynahe selbst Neigung bekomme,
dem Hymen den Lehnseyd zu schwören. Und
wahrhaftig, so bald ich ein Mädgen finden wer=
de, mit der ich glaube glücklich zu werden; so
kann es wohl rath werden, daß du mich noch
als einen Ehemann siehest. Ich kann nicht

F 2

läug=

läugnen, verſetzte ihm George, daß ich mich
recht herzlich freuen würde, wenn ich dich von
deinen rauſchenden Lebenswandel, auf eine rich-
tige Bahn gebracht, und als einen Mann ſähe,
welcher dem Staate nützliche Früchte brächte.
Ich will dir einen Vorſchlag dazu thun.   Ich
glaube das Mädgen, das dich vorhin ſo ſprö-
de abwies, würde deinen Wünſchen Gnüge
thun, wenn du ihr Herz erobern könnteſt. Du
wunderſt dich Auguſt? Glaubſt du vielleicht,
daß ein Herze, daß ſich in einem ländlichen
Pachterhauße bildete, allemal eine leichte Er-
oberung ſey, von der man nicht einmal Ehre
hätte? Als wenn nur Mädgen in Palläſten
erzogen, ihren Sieger mit Ruhm kröneten.
Du irreſt dich; glaub mir, es ſollte dir nicht
ſo leicht werden; denn ſie iſt keine gemeine
Landſchöne, die ſich eine Ehre daraus macht,
einen Herrn in einem ſchönen Rocke zu nehmen.   Sie hat von ihrem Vater ein feines
Vermögen zu hoffen, nnd die Ausbildung ihres Geiſtes, würde auch ſogar ein Frauenzimmer von Stande zieren.   —   Ich will dirs
wohl glauben George, aber es kömmt mir bey
alle dem ein wenig wunderbar vor, wie eine
ſolche

solche ausgebildete Schöne auf das Land
kömmt, da es doch so gar in großen Städten,
troß aller Mühe oft so schwer hält, den weibli=
chen Verstand auszubilden  — Das will ich
dir sagen, fuhr George fort.   Ihr Vater ist
ein Mann, von gutem richtigem Verstande,
den er sich durch Lesung einiger bekannter mo=
ralischer Bücher gebildet hat.   Und weil er
wohl einsahe, daß der künftige Werth seines
Kindes blos von ihrer Erziehung abhienge; so
wendete er seine ganze Sorgfalt darauf, und
um desto mehr, weil sie seine einzige Tochter
war, seine Frau, von feiner Familie, und tu=
gendhaftem Charakter, stand ihm darinne bey.
Aber die Hauptsache in der Verbesserung ih=
res sittlichen Charakters, that ein alter Magi=
ster den er in * * * kennen lernte; ein Mann
von vortrefflichen Eigenschaften, aber arm, weil
er zu sehr die Wahrheit liebte, und jede Art
zu schmeicheln haßte.   Dieser Mann besuchte
ihn alle Wochen, und weil ihm das Mädgen
gefiel: so gab er sich mit ihr ab, und brachte
ihr im Anfange nur spielend, allerhand gute
Lehren bey.   Wie sie mehr heran wuchs so

F 3

brachte

brachte er ihr leichte Fabeln mit, die sie lesen,
und ihm wieder erzählen mußte. Und wie
denn allmählig ihr Verstand reifer wurde; so
brachte er ihr moralische Bücher, und lehrte
ihr endlich mit seiner gewöhnlichen leichten
Art, selbst kleine Aufsätze, über Gegenstände
der Natur, und der Sitten zu schreiben. Da=
bey redete er ihr immer vor, daß die Kunst zu
wirthschaften das Hauptwerk und die Zierde
bey einem Frauenzimmer sey, daß sie beym
Landleben, welches er ihr denn immer sehr
anprieß, gänzlich nothwendig sey, und ermahn=
te ihre Mutter, sie emsig zur Wirthschaft an=
zuführen. Und dieses geschahe denn. Sie
mußte den ganzen Haushalt führen, bis auf
die gar zu groben Arbeiten, von welchen sie ih=
re Mutter befreyete; und weil sie denn also
in ihren Reden sich schicklich auszudrücken
wußte, überdieses auch gut aussahe, und sich
bescheiden betrug, so kam sie denn immer in
seine Gesellschaften, welche ihre Sitten im=
mer mehr verfeinerten. Aber was sie am
meisten veredelt, ist die Bescheidenheit nicht
stolz auf ihre Verdienste zu seyn, und ihr tu=

gendhaftes

gendhaftes mitleidiges Herze, von welchem
ich verschiedene Beyspiele zeigen kann. Ich
glaube also, du wirst, wenn du ein ehrlicher
Mann bist, nunmehro den gefaßten Anschlag
auf ihre Tugend und Ehre fahren laſſen, nach:
dem du ihre trefflichen Eigenſchaften näher
kennſt. Und ſollteſt du auch auf gut Sata:
miſch, nach jetzigen Gebrauche, eine beſondere
Ehre darinne ſuchen, eine Tugend zu verfüh:
ren, welches dir aber nicht ähnlich ſieht; ſo
iſt mir eben nicht bange für ſie, denn ich halte
ſie für ſo feſte in ihren Grundſätzen, als nur
irgend eine Dirne ſeyn kann. Bewahre mich
Gott George! rief Auguſt aus vollen Herzen,
habe mich ja nicht etwa in böſem Verdachte,
ich bin zwar etwas leichtſinnig, aber ich bin
kein Corſar, der darauf ausgehet Tugenden
zu verheeren. Im Gegentheil ehr ich ſie mit
wahrer Ehrfurcht, weil ſie wirklich ſelten ſind;
Gewiß, du haſt mir in der That eine wahre
Ehrerbietung gegen das Mädgen beygebracht;
Ich habe ſolche Begierde ſie näher kennen zu
lernen, daß ich gleich jetzo noch hin zu ihr ei:
len möchte. Auf meine Ehre! Nicht wahr

George

George du thuſt mir den Gefallen, und machſt
mich mit ihr näher bekannt? Indem George
antworten wollte trat Herr Walter, ein guter
Bekannter, um die Ecke des Ganges herum.
George ſagte noch geſchwinde; ja. Und ſo
dann begrüßten ſie Herr Waltern.

Die

# Die
# Folgen des Plauderns
## und der
# Schwatzhaftigkeit.

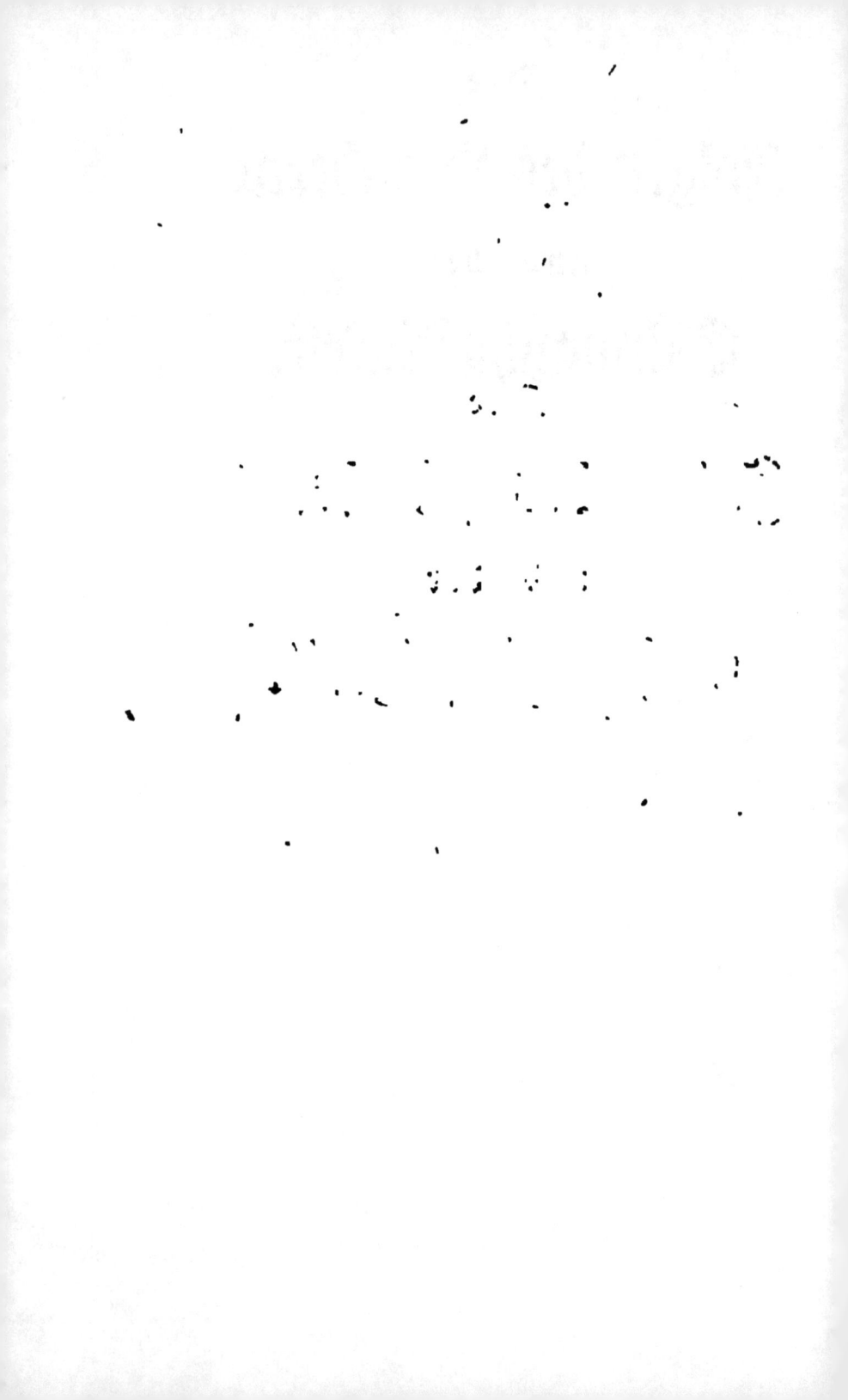

Der Sultan Schah = Rihar gieng, nach
seiner Gewohnheit, einmal mit seinem Leib=
arzt des Abends in seiner Residenz spaziren.
Als sie durch eine enge Gasse giengen; so hör=
ten sie ein Getümmel, das dem Getümmel ei=
ner Spinnstube nicht unähnlich war. Sie
giengen näher, blieben stehen, und hörten ganz
deutlich ein Getöse von weiblichen Stimmen,
alle durcheinander, gleich dem Brummen einer
Wespenmonarchie.

Endlich erhub eine ihre Stimme, und
sprach: eine große Neuigkeit, die ich erst heu=
te gehört habe, und alle schwiegen auf einmal
stille, als wenn sie in der Moschee wären.
Sie aber sagte; unser Sultan ist ein Hörner=
träger, und rathet wer ihn dazu macht? —
Unser Großvezier, der Ehrenmann, geht alle
Abende, als Meßrour, der Oberste der schwar=
zen Verschnittenen, verkleidet, zu des Sultans
Favoritin, bringt noch dazu griechischen Wein
mit.

mit, und hat mit ihr verliebte Geschäfte. —
Ist es möglich riefen alle! Ja, ja; sagte sie,
ihr könnt euch darauf verlassen, ich habe es
von einer guten Freundin gehört, die mir es
vor gewiß erzählt hat. — Der eifersüchti=
ge Sultan hatte genug gehört, er fühlte sich
an den Kopfe, und es ward ihm warm vor
der Stirne. Doktor sagte er, hörst du mei=
ne Schande? aber ich werde mich gleich rä=
chen; und indem er dieses sagte; so schäumte
er, wie ein aufgebrachter Monarch. Gnädi=
ger Herr, sagte der kaltblütige Medikus, wer
wird alles erdichtete Weibergeschwätz glauben;
ich kenne die Stimme der Frau, ihr Mann ist
einer eurer Diener, und sie eine berühmte
Schwätzerin, welche die besten Leute mit ihrer
Zunge besudelt. Es ist nicht möglich daß die=
ses erlogen ist, sagte der Sultan, es muß et=
was daran seyn, komm und folge mir. Er=
hitzt, nnd mit schnellen Schritten, gieng der
Sultan voran, und der Leibarzt folgete; so
kamen sie zum Pallast. Der Sultan ließ
den Officier von der Janitscharenwache rufen,
und befahl ihm, den Vezier in das Gefäng=
niß der Staatsverbrecher zu werfen. Der Ve=

zier

zier wunderte sich nicht wenig, wie er zu dieser schnellen Veränderung käme, aber er durfte nicht klagen, und man warf ihn in das Gefängniß. So dann ließ er den Obersten der Verschnittenen rufen. Meßrour, sagte er, nimm meine Favoritin Auroya, ziehe ihr eines der schlechtesten leinen Kleider an, und sage ihr; der Sultan befähle daß sie sein Land melden, und sich nie wieder darinne betreten lassen sollte; und alsdenn führe sie sogleich vor das Thor. Der Doktor sagte zu allen diesen kein Wort; denn er war eben kein sonderlicher Freund dieser beyden Unglücklichen, und mit einem erzürnten Sultane, dachte er, ist eben nicht viel anzufangen. Unterdessen war er doch nicht so sehr ein Höfling, daß er nicht beschlossen hätte, sich ihrer noch anzunehmen, wenn der Zorn des Sultans verbraußt wäre. Immer schon ein schöner Entschluß vor einen Mann aus der großen Welt, wenn er auch gleich nicht ausgeführt wird. Unterdessen brachte Meßrour, bey Nacht und Nebel, die schöne Auroya aus der Stadt, und verkündigte ihr die bedenklichen Worte des Sultans. Sie vergoß eine Menge von Thränen, aber

er

er verließ sie ungerührt, der verschnittene Un=
mensch. Sie gieng etliche Hundert Schritte,
aber Bettrübniß, Nacht, und Zittern vor Kätte,
verbothen ihr weiter zu gehen. Sie fand ei=
nen Rasen setzte sich darauf, und weinte. Und
es war freylich kein Kinderspiel. Sie war
im Schooße des Vergnügens erzogen; war,
auch beym Sonnenschein, nie über zwey Stun=
den in der freyen Luft gewesen, und nun soll=
te sie entfernt vom warmen Zimmer, und vom
weichen Bette und obendrein von der ganzen
Welt verlassen, eine ganze kühle Nacht in ei=
nem dünnen Kleide zubringen? — Setze
einmal eine junge Rose, im erstem Frühlinge
im Gewächshause erzogen in eine bereifte
Frühlingsnacht; du wirst sehen wie sie am
Morgen das Haupt hängt, und zu erblassen
anfängt; und nicht anders gieng es mit der schö=
nen Aurora. Es war mit ihr auf das äusser=
ste gekommen; doch ein Ansatz zu einer großen
Seele, und der gerechte Zorn, über die Unge=
rechtigkeit des Sultans, sprachen ihr noch ei=
nigen Muth zu; aber die Aussicht in die Zu=
kunft, stürzte sie wieder in Verzweiflung. So
saß sie, in Furcht, in Verzweiflung, und in
Trost

Trostgründen wider beyde verwickelt, bis endlich die Sonne aufgieng. Dies war das er-
stemal, das sie selbige aufgehen sah, sie erstaunte
über ihren Glanz, und vergaß auf einige Zeit
ihres Unglücks. Sie entschloß sich endlich fort
zu gehen, um auf irgend eine Art unterzukom-
men, aber wie, das wußte sie selbst nicht. Sie
sahe weit von sich auf einem Berge, Bäume
und ein Haus, und weil sie glaubte es wäre eine Einsiedley; so beschloß sie gerade darauf zuzugehen, um sich bey dem heiligen Dervisch Raths zu erhohlen. Es war schon gegen
Mittag, als sie etwa die Hälfte des Weges
gemacht hatte; und weil sie ausser dem Wege gereiset war, um nicht der Betrachtung
der Vorbeygehenden ausgesetzet zu seyn; so
war sie so müde, und empfand einen solchen
Hunger, als sie noch nie im kayserlichen Frauenzimmer erlebt hatte. Etwas so natürliches,
das niemand, der nur die Gemächlichkeit der
geringen Schönen, geschweige denn der Sul-
taninnen, kennt, etwas zu zweifeln haben wird.
Sie beschloß endlich standhaft, einige Wurzeln
aus der Erde zu reissen, und sich damit zu sät-
tigen, und hierzu schöpfte sie mit ihrer schönen
Hand,

Hand, aus einem Bache klares Wasser, und
ließ sich Speise und Trank recht wohl beha=
gen.  Sodann setzte sie ihren Weg im Sul=
taninschritte wieder fort, und gelangte end=
lich gegen Abend zu dem Hause, welches wirk=
lich eine Einsiedeley war.

Sie klopfte an, und es kam ein noch jun=
ger, aber ziemlich bärtiger Derwisch heraus.
Was willst du justge Dirne? sagte er; ich
bin eine Unglückliche, antwortete sie, und woll=
te dich bitten, daß du mich diese Nacht beher=
bergtest.  Ey sagte er, ein junger Einsiedler,
und ein jung Mädgen die Nacht bey sich, das
könnte mich um Ehre und Reputation bringen,
siehe zu wo du anders wo unterkömmst; und
hiermit wollte er die Thüre zumachen.  Aber
sie rief geschwind; ach heiliger Mann! nur
noch einen Augenblick, ich wollte mich in einer
höchstbedenklichen Sache, bey dir weisen
Raths erholen.  Weil sie in seinem Gesichte
weisen Rath, und er in ihrem Gesichte, ich
weiß nicht was empfehlendes sahe, so besann
er sich anders, sahe sich geschwind auf dem
Berge um, ob ungebethene Zeugen da wären,
und

und sobann sagte er; komm herein, und führ=
te sie in seine Zelle.  Nachdem sie sich gesetzt
hatte, so fragte er, worinne sie sich bey ihm
Raths erholen wollte? Und hierduf erzählte
sie ihm die  ganze Geschichte,  und  fragte,
was  sie nun anfangen sollte? Er war ganz
erstaunt, und sagte endlich; so schnell kann ich
dir in dieser kützlichen Sache  nicht rathen, ich
will  mich diese Nacht besinnen,  und morgen
sollst du meinen Rath hören.  Hierauf berei=
tete er die Abendmahlzeit, und sie setzten sich
unter vier Augen zu Tische.  Um das Mahl,
nach Art der Großen, mit lachender Frölich=
keit zu beschliessen, holte der Dervisch eine
Flasche von seinem Apfelmoste, und trank sei=
nem schönen Gaste, um wie er sagte ihre bit=
tern Grillen zu versüssen, wacker zu.  In je=
dem Zuge trank er etwas von der süssen Leiden=
schaft, Liebe genannt, welche sich endlich in
schielenden feurigen Blicken, durch gierige Au=
gen, und durch einen zärtlichen Diskant in
seinem Tone,  bey dem begeisterten Wirthe
äusserte.  Auch  selbst die schöne Sultanin,
weil sie ihren ganzen Trost auf ihn setzte, ließ

G                    merk=

merklich von der stolzen Keuschheit einer Sultanin, gegen dem Einsiedler nach; so daß sich
ihre Tafel beynahe in einem höchst vertrauli-
chen Gespräch, zum großen Nachtheile seiner
Majestät des Sultans geendiget hätte. Denn
der Dervisch wurde endlich unbändig und ungestüm; aber Dank sey es der Tugend der schönen Aurora, oder wars weiblicher Stolz, dem
der Dervisch zu sehr gegen den Sultan ab-
stach; kurz sie entzog sich seinem Ungestüm,
machte ihm ein feyerlich Sultaninnenge-
sicht, und der Dervisch, dem dieses Gesichte
den Gedanken von Sultanin erregt, ward ab-
geschreckt. Ein Glück vor die Stirn des
Sultans. Als nun endlich der Tisch abgeho-
ben, und es schon ziemlich spät war; so berei-
tete der Dervisch in seiner Zelle, ein Lager
von wollenen Decken vor seinen Gast und sodann wünschte er gute Nacht, und gieng in seine Kammer, welche er, um auf alle Fälle bö-
sen Verdacht zu vermeiden, hinter sich ver-
schloß.

Die Sonne war schon über dem Hori-
zonte, der Einsiedler rieb sich sein heiliges
Haupt

Haupt, das noch von den gestrigen Dämpfen
der Liebe und des Apfelmostes, düster war, und
die schöne Auroya streckte ihre Händchen und
Füßchen aus und machte, was sie seit ein und
einem achtel Tage erst gelernet hatte, tiefsinni-
ge Betrachtungen über die Zukunft; als man
plötzlich ein starkes Pochen an der Thüre hörte. Die schöne Auroya stieg hurtig von ihrem Lager auf, und der Einsiedler kam ganz
schlaftrunken aus seiner Kammer, und beyde
sahen durchs Fenster, um den Unbescheidenen,
der sie aus dem Morgenschlummer störte, in
Augenschein zu nehmen. Und siehe da, es
war kein anderer Mensch, als der Doktor
Douban zu Pferde, in Begleitung zweyer Janitscharen. Die Schöne sahe starr vor Ver-
wunderung, der Einsiedler machte große Augen und der Doktor rief: Dank sey dem
großen Propheten, daß ich das Glück
habe, sie hier zu finden, gnädige Sultanin!
Kaum hatte der Doktor diese schmeichelhafte
Anrede gehalten; als die schöne Auroya dem
Einsiedler, den sie gestern wehmüthig bat, sie
einzulassen, jetzt gebieterisch befahl, die Thü-

G 2                    re

re ohnverzüglich zu öffnen. Der wackere
Mann vollzog ihren Befehl sogleich, und gleich
darauf trat der Doktor herein, begrüßte sie
ehrerbietig, und sagte folgende erfreuliche Worte; Gnädige Frau, der Zorn des Sultans ist
gedämpft, ich werde gleich einen Janitscharen
abschicken, um ihn die gute Nachricht sagen
zu lassen, daß ich sie wieder gefunden habe,
und er wird nicht säumen, sie in eigener Per-
son abzuholen. Der Einsiedler zog sich auf
diese Worte zur Thüre zurück und nahm seine
Schlafmütze ab, und die schöne Sultanin sagte mit einer ernsthaften Miene; guter Doktor,
noch bis jetzo weiß ich nicht, warum mich mein
Herr der Sultan, aus dem Pallaste gestoßen
hat, und noch viel weniger, wodurch sein
Zorn wieder besänftiget worden ist. Schicke
also erst einen Janitscharen fort, und denn
setze dich zu mir, und erzähle mir die ganze
Begebenheit. Der Doktor vollzog alsbald ihren Befehl, und alsdenn setzte er sich hin zu
erzählen. Erst sagte er ihr die ganze Geschichte, die wir schon gehöret; wodurch nämlich der Sultan ergrimmt wäre, und von der

Ge-

Gefangenschaft des Vezlers, und ihrer eigenen
Verstossung, und alsdenn fuhr er folgender:
massen fort:

Den Tag nach eurer Verbannung, als
der Sultan aufgestanden war, gieng ich zu
ihm und fand ihn sehr übel aufgeräumt. Der
vermeynte Betrug, den ihm sein Vezier und
seine Favoritin gespielt hatten, und welcher bey
so scharfer Aufsicht, vor einen Sultan wirk:
lich etwas sehr ungewöhnliches wäre, war
noch nicht verdauet, und lag ihm heftig in der
Seele. Ich suchte ihn aufzumuntern, aber
es war vergebens, und hierüber kam der Mit:
tag herbey. Nach der Tafel fieng er an sei:
ne schöne Favoritin zu vermissen, welche ihn
allemal so angenehm zu bezaubern wußte, und
es fiel ihm ein, daß er doch erst die Sache ge:
nauer hätte untersuchen sollen, ehe er sie weg:
gejagt hätte. Als ich ihn auf so gutem Wege
fand; so gab ich ihm zu verstehen, daß noch
nichts versäumt wäre, man könnte ja den Ve:
zier vernehmen, und sehn ob er etwas zu sei:
ner Vertheidigung anzuführen hätte. Das

G 3                                     läßt

läßt sich hören, sagte der Sultan, man rufe
mir gleich den Vezier. Er kam; Vezier sprach
der Sulan, man hat dich angeklagt, daß du
mit meiner Favoritin vertrauten Umgang hättest, und daß du zuweilen, verkleidet wie Meßrour, zu ihr giengst, und ihr zu Beförderung
deiner Liebe, auch griechischen Wein mitbräch-
test; was hast du darwider zu deiner Vertheidigung anzuführen? Nichts gnädiger Herr,
antwortete der Vezier, ganz erstaunt, über diese Beschuldigung, als meine Treue und meine
Unschuld; ich schwöre beym Grabe des Maho-
med, daß mir ein solcher Gedanke nie einge-
fallen ist; laßt einen Zeugen auftreten, der
mir es beweiset, und ich will mich auf die
grausamste Art hinrichten lassen. Doktor,
sagte der Sultan, der Mann könnte doch wohl
unschuldig seyn, wir wollen die Sache untersuchen; du kennst die Frau die es gesagt hat,
nimm Janitscharen und hole sie. Sie kam
an; man hielt ihr die Sache vor, und sie gestand, daß sie es gesagt hatte, und nennte eine
andere, die es ihr erst gesagt hatte; man ließ
die andere holen, und diese gab es auf die drit-
te, und diese auf die vierte, und diese sagte,
sie

sie hätte es von einer Emirs Frau. Hum,
sagte endlich der Sultan, die Sache ist langweilig und kurzweilig zugleich, und ließ auch
die Emirs Frau holen. Man stellete ihr vor,
ob sie gesagt hätte, der Vezier gienge als
Meßrour verkleidet, zur Favoritin, um der
Liebe zu pflegen, und brächte noch darzu griechischen Wein mit? Gnädiger Herr sagte die
Frau, ich kann nicht läugnen daß ich gesagt
habe, der Vezier hätte Umgang mit der Favoritin; aber daß er wider unses heiliges Gesetz, griechischen Wein mit zu ihr brächte, das
habe ich zu meiner guten Freundin nicht gesagt; ich glaube aber sie hat es als eine kluge
Frau muthmassen wollen, weil der Wein zur
Liebe sehr dienlich seyn soll; und ihr sagte,
man habe den Vezier ganz spät, mit einem
Kästgen unter dem Arme, zur Sultanin gehen
sehen. Die ganze Sache habe ich übrigens
von des Emir Mustapha Frau. Hurtig sagte der Sultan, rufet mir auch die Frau des
Emir Mustapha; und nicht lange darauf
wurde die schon etwas betagte Dame vorge-
lassen. Der Sultan legte ihr die Streitfra-
ge ebenfalls vor. Behüte mich der Himmel!

G 4                    rief

rief die Dame, und trat einige Schritte zu=
rücke, daß ich gesagt hätte, der Vezier gienge
der Liebe wegen zur Favoritin! Die Sache ist
also: Vor drey, vier Tagen, kam eine gute
Freundin, von des gegenwärtigenLeibarzt Dou=
ban Gemahlin, zu mir, und sagte mir in Ver=
trauen; daß sie gestern mit ihrer Freundin,
des Herrn Doktor Gemahlin, aus dem Serail
vom Besuch gekommen wäre, und daselbst
hätten sie den Vezier, wie Meßrour den Ober=
sten der schwarzen Verschnittenen gekleidet, in
den Pallaste hinein gehen sehen; er wäre im
Gesicht natürlich wieMeßrour geschwärzt gewe=
sen, hätte ein Kästgen unterm Arm gehabt,
und hätte sich im Vorbeygehen von ihnen weg=
gewendet. Wir berathschlagten uns, was
wohl der verkleidete Vezier so spät im Palla=
ste zu suchen hätte, und fielen darauf, daß er
zur Favoritin gienge, weil sie immer mit ihm,
auf einen gnädigen und freundlichen Fus, um=
gangen wäre. Den andern Tag besuchte
mich meine Nachbarin, die Emirin, und ich
vertrauete ihr die ganze Geschichte, und setzte
darzu, daß ich glaubte, der Vezier gienge zur
Favoritin, aber nicht, daß ich es gewiß wüßte.

Doktor,

Doktor, rief der Sultan, die ganze Sache be=
ruth auf deiner Frau, gleich bringe sie. Und
gleich holte ich sie. Gnädiger Herr, sprach
sie, nachdem man sie gefragt hatte, als ich ge=
stern mit meiner guten Freundin aus dem Pa=
laste gieng, begegnete uns Meßrour. Er dre=
hete sich von uns weg, und ich bemerkte an sei=
nen Turban die berühmte Diamantnelke des
Veziers, die er von euch, gnädiger Herr,
als ein Geschenk hat. Das ist des Veziers
Diamant Nelke, sagte ich zu meiner Freundin;
siehest du nicht antwortete sie, daß es der gan=
ze Turban des Veziers ist? Ja — aber
wie kömmt Meßrour dazu? Ey, sprach sie,
sein Gang ist mir beynahe wie des Veziers
Gang, und ich glaube es ist der Vezier verklei=
det, er will sich nicht lassen erkennen, darum
kehrte er sich weg. Wir sahen ihm nach, und
wurden endlich gewiß, daß es des Veziers sein
wackelnder Gang war. Aber was muß er
heimliches zu thun haben, daß er sich verklei=
det hat? — Vielleicht hat er gar verliebte Ge=
schäfte, sprach sie mit einer bedenklichen Miene,
die Favoritin sieht ihn immer so freundlich an. —
Wir wollen uns darüber beschlafen, sagte ich, und

G 5 hiers

hierauf schieden wir voneinander.  Auf Meß‐
rour wird, glaub ich, rief endlich der Sulan,
die ganze Sache ankommen! An welchen Ta‐
ge ist es gewesen? Am verwichenen Fasttage,
antwortete die Frau des Doktors; ha! rief
er, es geht mir ein Licht auf! Hast du sonst
noch etwas gesehen oder gehört, das den Ve‐
zier verdächtig machte?  —  Nein. Alsbald
wurde Meßrour gerufen.  Meßrour! riefihm
der Sultan entgegen, bist du am verwichenen
Fasttage ganz spät ins Frauenzimmer gegan‐
gen? Ich gnädiger Herr? ja. Was machtest
du so spät da?  Ich trug eurer Favoritin eu‐
er Geschenk, das Kästgen mit den wohlriechen‐
den Wassern, und den orientalischen Perlen,
hin.  Hattest du nicht des Veziers Turban
auf? Ja  —  aber um Gottes willen! wo
wißt ihr diese Kleinigkeit schon? Antworte
—  wie kamst du dazu? geschwinde! Ich
hätte das Kästgen freylich schon des Nachmit‐
tags hintragen sollen, aber  —  —  Her‐
aus mit dem aber! Gnädiger Herr ich bitte
um Gnade! sollst sie haben, aber nur weiter.
Ich gieng bey des Veziers Hause vorbey; er
rief, wohin Meßrour? Ins Serail: Was
da?

da? Ich will dies Geschenk zur Favoritin
tragen. Ey brings ihr auf den Abend wenn
sie lange Weile hat, da wird die Freude noch
grösser, jetzt komm herein, es ist was nothwen-
diges. Ich ließ mich nicht lange nöthigen.
Wie ich hinein trat, so waren viele gute Freunde bey ihm zu Gaste; ich mußte mich nieder-
lassen, und es wurden allerhand wärmende Ge-
tränke getrunken. Ich vergaß das Geschenke
darüber, bis auf den Abend, da mir es erst
einfiel; und ich trug es hierauf ganz benebelt
fort. Als ich ins Serailthor kam, begegnete
mir des Doktors Frau, mit noch einer. Ich
wendete mich von ihnen weg, und that als sä-
he ich sie nicht, damit sie meinen Rausch nicht
merken sollten; aber ob es gleich etwas dunkel
war, so mußten sie doch etwas gemerkt haben;
denn sie sahen mir nach und redeten heimlich.
Ich gieng darauf nach Hause, und erst den
andern Tag bemerkte ich, daß ich des Veziers
Turban aufgehabt, und schickte ihm solchen
gleich wieder; Dies ist die ganze Geschichte
Womit kannst du dieses alles beweisen? Das
ganze Haus des Veziers ist mein Zeuge. Ja
sagte der Doktor, jetzt besinne ich mich auch,
daß

daß der Vezier selbigen Tag Gesellschaft hatte, und daß ich Meßrourn hinein gehen sahe. — Der Sultan schlug die Hand vor die Stirn — Vezier sprach er, du bist frey, und ihr andern, bis auf den Doktor und Meßrour, geht ab, und fürchtet meinen Zorn, wenn ihr wieder von meinen Serail plaudert. (Ich glaube aber nicht, daß diese Drohung auf die Zukunft was geholfen hat.) Doktor sagte er, als die fort waren, ich war thöricht, daß ich mich durch Weibergeschwätz, zu dieser unüberlegten Handlung verleiten liesse; aber ich glaube es ist noch zu ändern. Die arme Aurova! Gehe mit Meßrour und den Vezier, und nimm Janitscharen, und suche sie, wer sie findet, kann sich großer Belohnung freuen; und wenn ihr sie findet, so meldets, ich will sie selbst einholen. Alsbald giengen wir an den Ort, wo euch Meßrour verlassen hatte, vertheilten uns durch das Feld, und suchten die ganze Nacht, und fragten überall nach euch, bis ich heute früh das Glück hatte euch gnädige Frau hier zu finden. — Das ist in der That eine sonderbare Begebenheit, sagte die schöne Aurova; aber ich wollte daß der Sul-

tan

tan bald käme und mich aus dieser elenden
Hütte, die sich für meinen Stand so wenig
schickt, befreyete. Komm Doktor, sprach sie,
wir wollen ein wenig spatziren gehen; und sie
giengen vor die Hütte, und überliessen den
Einsiedler seinen Betrachtungen. Endlich ge=
gen Mittag, kam der Sultan mit seinen Höf=
lingen, einer Sänfte und den Weibern der
Favoritin. Als er sich ihr näherte, stieg er
vom Pferde, fiel vor ihr nieder, und sagte:
kannst du mir wohl vergeben, schöne Aurora,
nachdem ich dir so viel böses gethan, und dich
in einem so schlimmen Verdachte gehabt habe?
Anfänglich machte die Schöne wie sichs gehört
eine feyerliche ernsthafte Miene, die aber in
eine sanftere zerfloß, und mit diesen Worten
heiter wurde; wie könnte ich auf meinen Herrn
den Sultan zürnen, es ist schon alles vergeben.
Der Sultan küßte sie hierauf, man führte sie
in die Hütte, und kleidete sie anders an, und
sodann erzählte sie wie sie in diese Einsiedley
gekommen wäre, und wie sie der Einsiedler
gut bewirthet hätte. Der Sultan wurde ge=
rühret, und fragte gleich den Einsiedler, was
er ihm vor eine Gnade erweisen könnte? Hier
war

war der Ort, wo der Ehrenmann eine große
Figur, nnd wohl gar der erste nach dem Muf=
ti werden könnte; aber vielleicht fürchtete er,
die Wirkungen seines Apfelmostes, die zu
dringenden Liebkosungen, die er der Sultanin
hatte machen wollen, möchten über kurz oder
lang an den Tag kommen, und wollte deßwe=
gen nicht gerne zu nahe um den Sultan seyn,
oder vielleicht hatte er andere Ursachen, kurz
er bat sich nichts aus, als einige Acker Lan=
des, die um seine Einsiedley lagen. Der Sul=
tan wunderte sich über die Uneigennützigkeit
des Mannes, und gestand sie ihm zu. Hier=
auf führte er die schöne Aurora wieder ins
Serail, bat sie öffentlich um Vergebung, über=
häufte sie mit Geschenken, so wie auch den
Doktor, brschenkte die Dervischen, und ließ
endlich die ganze Historie aufschreiben, ins
Archiv beylegen, und zur Ueberschrift darauf
setzen:

## Seht die Folgen des Plauderns und der Schwaßhaftigkeit.

www.ingramcontent.com/pod-product-compliance
Lightning Source LLC
Chambersburg PA
CBHW030542270326
41927CB00008B/1474